KB117448

'8020 이어령 명강-생각의 축제'는 사람의 두뇌를 좌뇌, 우뇌로 가르고 어느 한쪽을 판단 기준 삼아 다른 한쪽을 따돌리고 차별하고 소외시키는 쏠림 사회에서 외롭게 살아가는 사람들을 위해서 만들어진 교실입니다. 편견과 고정관념의 창살 속에서 자기가 갇힌 줄도 모르고 살아가는 무기수들을 해방시켜서 자유로운 초원의 노마드가 되어 맘껏 뛰어놀 수 있도록 도와주려는 겁니다.

그림: 반 고흐
사진: 김지환

생각의
축제

생각의
축제

이어령 지음

사무사책방
Epiphany

'다른 생각, 다른 삶'을 위한 '생각의 축제'

이 교실은 연령과 성별의 벽이나 학력의 문턱 같은 것이 없습니다. 교탁을 놓고 가르치는 곳도 아닙니다. 동굴 앞에 화톳불을 피워 놓고 이야기를 나눴던 옛날 우리 조상들처럼 강의라고 해야 스토리텔링 방식입니다. 그러니 깨알만 한 주석이 달린 이론서나 두꺼운 교재 같은 것은 잠시 덮어두어도 됩니다. 의자를 찾을 필요도 없어요. 바위 위에 앉아 강물을 보듯이, 풀밭에 누워 별을 보듯이 함께 생각하고 꿈꾸면 되니까.

그런데 여느 학교처럼 시험은 치러야 하나요? 맞아요. 시험 말입니다. 그것도 한두 번이 아니라 여러 번 치러야 합니다. "그러면 그렇지. 어디에 가도 그 지겨운 시험지옥을 벗어날 수 있겠나." 박수 소리가 한숨 소리로 변하겠지요. 하지만 기쁨도 걱정도 아직 이릅니다. 여기는 그렇게 쉬 결론을 내리는 데가 아닙니다.

여러분들은 여태까지 참으로 많은 OX형 시험을 치러왔을 것입니다. 이를테면 4개의 답 가운데 하나를 고르라는 사지선다형 있잖아요. 그래서 급하면 연필을 굴려 답을 찍기도 하지요. 시험장이 라스베이거스의 룰렛 판이 되기도 하는 거죠. 오죽하면 요즘 젊은이들이 맞선을 보려면 신붓감이나 신랑감 4명을 앞에 앉혀놓아야 된다는 농담이 생겨났겠습니까. 그렇지. 요즘 수능시험은 오지선다형이 되었으니까 다섯 사람은 되어야 그중 한 사람을 고를 수 있겠군요. 그러나 우리가 앞으로 쳐야 할 시험은 달라요. 연필이 아니라 자유롭게 머리를 굴려야지요. 독을 독으로 없애고 열을 열로 다스리듯이 시험으로 시험지옥을 없애는 것이지요. 공부를 하지 않고도 풀 수 있는 시험문제라는 겁니다.

구체적인 예를 들자면 바로 "'8020 이어령 명강 – 생각의 축제'에는 '0'이 몇 개 있는가" 같은 겁니다. 유치원 아이들도 풀 수 있는 문제죠. 누가 보아도 8020에는 0이 2개 있다고 할 것입니다. 여러분들도 모두 그렇게 대답하겠지요. 그런데 맞나요? 정말 0이 2개 있어요? 한 번 더 잘 보세요. 아라비아숫자의 8자에도 분명 0 모양이 둘이나 있지 않습니까? 그렇다면 0은 4개라야 맞겠지요. 하지만 80에 20을 더하면 100이 되니까 8020에는 6개의 0이 숨어 있는 셈이지요. 어때요. 0이 여섯이면 자릿수로 10만을 나타내는 것이니까 삽시간에 0은 10만대로 늘어나게 되는 거죠.

이런 것이 바로 상상력입니다. 윌리엄 블레이크의 시처럼 한 알의 모래에서 세계를 보고 한 송이 꽃에서 천국을 보는 힘이지요. 그러나 상상력은 먹어도 먹어도 배가 고픕니다. 끝이 없어요. 이번에는 8자를 옆으로 눕혀보세요. 8자가 무한대의 기호로 뜹니다. 갑자기 0은 은하수처럼 빛나면서 무한대의 수로 돌변합니다. 어디 그뿐입니까. 8의 아라비아숫자는 안이 바깥이 되고 바깥이 안으로 바뀌는 뫼비우스의 띠가되어 리사이클의 아이콘이 되기도 합니다. 그래서 0은 춤을 추고 마술사의 검은 보자기처럼 무한한 둥근 원들을 뽑아냅니다.

그런데 아직도 끝난 게 아닙니다. 0이라고 하면 숫자만 생각하기 쉽지만 실은 한글의 글자에도 0자가 있지 않습니까.

'8020 이어령 명강' 글자마다 0이 한 개씩 들어있으니 말예요. 그래서 겉으로 드러난 0만 쳐도 한눈에 9개가 나옵니다. 여러분들은 이런 시험문제를 풀어가는 동안에 지금까지 정지해 있던 선풍기에 스위치를 켠 것처럼 상상력이나 창조력의 날개가 돌아가면서 시원한 바람이 일기 시작할 겁니다. 내 안에 잠들어 있던 자유로운 초원이 나타나는 것이지요. 여러분들이 지겹도록 쳐온 OX형 시험은 사실상 교육이나 사고를 키우는 학습과는 직접적인 관련이 없었습니다. 사람을 평가하고 선발하는 요령에 지나지 않는 것이지요. 나쁘게 말하면 인재를 고르기보다는 정원에 맞춰 사람을 떨어뜨리기 위한 네거티브의 제도였다고 할 수 있어요.

어느 날 학부모 한 분이 저를 찾아와 자기 아이 걱정을 하면서 조언을 구하는 거예요. 자기네 성姓이 홍인데 아무리 가르쳐주어도 '홍'을 '홍'이라고 읽지 않고 ㅎㅎ(히읗히읗)이라고 읽는다는 거예요. 자기 성도 읽을 줄 모르는 아이의 학습 능력에 문제가 있다고 생각한 거죠. 그 이야기를 듣고 나는 놀랐어요. 그동안 홍이라는 글자를 수도 없이 봐왔지만 한 번도 그게 히읗(ㅎ) 자 2개를 포개놓은 모양이라고 생각해본 적이 없었단 말입니다. 아라비아숫자의 8자에서 0을 2개 보는 것처럼 그 아이는 홍이라는 한글에서 2개의 ㅎ자 모양을 본 것입니다. 내가 물었지요.

"글자는 잘 못 읽어도 남보다 뭐 잘하는 것은 없는지요?"

어머니는 밝은 표정을 지으며 말했지요.

"예. 그림만큼은 놀랍게 잘 그려요."

"어머니, 걱정하지 마십시오. 그 아이는 남이 다 아는 걸 모르는 게 아니라 남이 못 보는 것을 보는 능력을 가진 겁니다. 천재거나 어쩜 우주인이거나."

사실 그런 아이들이 많이 있는데 부모들이 못 봅니다. 그래서 영원히 그 아이의 능력은 감춰지고, 자라지 못해 시들고 맙니다. '얼음이 녹으면 무엇이 되는가'라는 초등학교 과학 문제의 정답은 '물'입니다. 그런데 간혹 얼음이 녹으면 '봄'이 된다는 아이가 있습니다. 하지만 이런 아이들은 에디슨처럼 혹은 아인슈타인이 그랬던 것처럼 왕따가 되거나 쫓겨나게 됩니다. 물론 대학 진학도 어려워요. 우뇌보다 좌뇌 시스템으로 구축된 학교, 그리고 좌뇌적 사고에 길든 제도권 안에서 우뇌형 인간들이 학교를 다니고 사회생활을 하자면 여간 힘이 드는 것이 아닙니다. 미운 오리 새끼죠.

'8020 이어령 명강 – 생각의 축제'는 사람의 두뇌를 좌뇌, 우뇌로 가르고 어느 한쪽을 판단 기준 삼아 다른 한쪽을 따돌리고 차별하고 소외시키는 쏠림 사회에서 외롭게 살아가는 사람들을 위해서 만들어진 교실입니다. 편견과 고정관념의 창살 속에서 자기가 갇힌 줄도 모르고 살아가는 무기수들을 해방시켜서 자유로운 초원의 노마드가 되어 맘껏 뛰어놀 수 있도록 도와주려는 겁니다. 자기 성인 홍에서 웃음소리(ㅎㅎ)를 듣고 얼음이 녹은 물에서 봄꽃의 향내를 맡는 아이들. 이 유쾌한 오답자들을 위하여 저는 즐거이 내 빈자리를 내어주려고 합니다.

정해진 정답을 맞춘 학생이 아니라 '남과 다르게 생각하고 다르게 살아가는' 젊은 영혼에게서 우리는 오늘과 다른 내일을 만들 수 있는 계기를 갖습니다. '다르게 생각하고 다르게 살아가는' 젊은 영혼들을 위해 흥겨운 추임새를 보내고 뜨거운 박수를 칠 때 그들의 고독은 단순한 고독이 아니라 창조의 동력이 됩니다. 창조의 열정 속에 폭발하는 창조적 상상력 — 그런 '생각의 축제'에 함께하고 있는 여러분들이야말로 우리가 믿고 의지할 우리들 미래의 힘과 가능성입니다.

2022년 2월

이어령

차례

이야기 속으로

수의 비극

어머니가 눈대중으로 똑같이 나누어주신 별사탕도 수로 계산하면 차이가 났다. 이 차이가 우리를 괴롭혔던 것이다. 나의 몫이 형보다 한 알이라도 적으면 어머니가 그만큼 나를 덜 사랑하시는 거라고 생각했다. 또 한 알이라도 많으면, 자랑하지 않고서는 못 배긴다. 숫자는 작은 차이와 함께 비교 의식과 축적이라는 것을 동시적으로 가르쳐준다. 숫자는 많은 비극의 씨앗을 잉태하고 있다. 숫자는 분쟁을 낳는다.

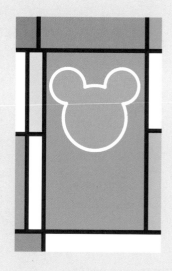

"몇 살 먹었니?"
"형제는 몇이나 되지?"
"너의 집 지번을 주소를 아니?"

어른들은 늘 그렇게 수에 대해서 묻기를 좋아했다.
그러면 나는 또 자랑스럽게 대답한다.

"여섯 살", "다섯", "328번이요."

수를 대면 사람들은 똑똑하다고
머리를 쓰다듬어주신다.

"엄마를 얼마만큼 사랑해?"

어머니도 가끔 그렇게 물으셨다.
그때마다 나는 으레 두 손을 활짝 펴 보이고
"하늘, 땅만큼, 모래알만큼"이라고 말한다.
그리고 혼자서 생각해보는 것이다.
정말 이 세상의 모래알들은 얼마나 많을까.
아무리 세도 다 셀 수 없는 모래들,

마을 어귀를 흐르는 새파란 시냇물과 하얀 강변의
모래밭을 생각하곤 했다.

어른들도 모래알 수는 모른다고 했다.
그런데도 사람들은 사랑까지도
숫자로 나타내려고 애쓴다.
그래야 세상은 마음을 놓는다.

"그래그래, 하늘, 땅, 모래알만큼,
엄마도 널 그만큼 사랑한다."

나는 그렇게 말하는 어머니가 좋았다.
나는 아직도 수의 비극을 모르는 나이였다.
숫자를 알게 되면서부터 무엇이든 세어보고 싶은
호기심에 사로잡혔다. 하늘의 별들은 언제나
세다가 멍석 위에서 그만 잠들어버리지만,
병풍 속의 꽃과 나무들은 다 셀 수 있었다.
나비는 여섯, 사슴은 둘, 매화는 스물둘,

심지어는 난초 이파리까지도 빼놓지 않고 다 세었다.
이상스럽게도 그것들은 대개가 다 짝수였다.

세상에는 죽을 때까지 다 세어도

셀 수 없는 것들이 많다.

백 다음에는 천이 있고,

천 다음에는 만과 만 다음에는 억이,

또 억을 지나면 조가 있고, 조 다음에 경이 있다고 했다.

경 다음에는 또 무엇이 있는가?

아무도 그다음 것은 가르쳐주지 않았다.

어른들도 그것은 모른다고 했다. 나의 빈약한 상상에

의하면 경 다음에는 하얀 강변이 있었다.

반짝이는 모래알들이 물굽이를 따라

한없이 깔려 있는 하얀 강변이 있었다.

그 강변까지 가기 전에 나는 언제나 지쳐버린다.

숫자는 벌써부터 슬픈 현실을,
인간의 불모성을 잉태해가기 시작했던 것이다.
어떠한 사물에도 숫자가 닿기만 하면 핏기가
사라져버린다. 병풍의 나비도 화단의 꽃들도
모두 없어지고 숫자의 기호만이 남는다.
말하자면 사물을 셀 때 우리의 시선은 그것들의
모양이나 본질에 머물러 있지는 않을 것이다.
병풍의 나비가 어떠한 모습으로 날고 있는지,
난초의 이파리가 어떻게 늘어져 있는지
그런 것들은 전연 문제가 되지 않는다.
그런 것들을 건너뛰어서 다만 가짓수에만
그리고 총체적인 그 숫자에만 도달한다.
아름다운 꽃도 하나고 미운 꽃도 하나다.
숫자는 개성과 감상을 허락해주는 일이 없다.
그뿐만이 아니라 이 수를 세는 버릇 때문에
때때로 집안에서는 엉뚱한 싸움들이 벌어지게 된다.

'많다', '적다', '똑같다' 이러한 말들이
숫자의 구체적인 계산에 의해서 표현되는 순간
우리가 작은 차이에 대해 집착하게 된 까닭이다.
말하자면 먹을 것을 나눠주시는 어머니의 분배가
어렵게 된 것이다. 그중에서도 별사탕은 알이
작기 때문에 눈대중으로 한 움큼씩 집어 나누어주셨다.
그러나 두 살 위 형과 나는 분배받은 별사탕을
방바닥에 흩어놓고 제 몫을 세곤 했다.

숫자는 엄격한 것이다. 숫자는 물처럼 출렁거리지도
않으며 해면처럼 졸아들지도 않는다.
숫자는 얼어붙은 빙하처럼 싸늘하게 고정되어 있다.
서로 섞이거나 애매하게 드나들 수 없는
분명한 한계선을 가지고 있다.
3개는 3개고, 2개는 2개다.
아, 이 작은 차이, 분명한 차이,
숫자는 대낮이라는 것을
그늘이 없는 대낮임을 가르쳐준다.

어머니가 눈대중으로 나누어주신 별사탕을
수로 계산하면 늘 차이가 생겼다.
내 몫이 한 알이라도 적으면 어머니가 그만큼
나를 덜 사랑하시는 거라고 생각했다.
또 한 알이라도 많으면, 자랑하지 않고서는 못 배긴다.
별사탕의 셈이 끝나면 서로 비교를 하고
비교가 끝나면 분쟁과 약탈의 싸움이 벌어진다.

"형은 몇 개?"
"난 서른넷."
"난 서른하나."

하지만 셋은 둘로 나눌 수 없다.

서로 빼앗는 싸움 끝에 주먹이 오간다.
어머니는 그 때문에 늘 마음이 편치 않으셨던가 보다.
그 뒤부터는 작은 별사탕을 하나하나 세어서
똑같은 수로 쪼개주셨다.

"2, 4, 6, 8…."

두 알씩 짝수로 세시는 어머니의 손놀림이 신기했다.
그러나 숫자는 평화를 조정할 수 있을까?
세상에 꼭 같은 수라는 것이 존재할 수 있는 것일까.
수는 또 하나의 수에 의해서 그 균형이 깨어진다.

30개의 별사탕은 분명히 동수였지만
이번에는 그 빛깔이 문제가 된다.
별사탕에는 대체로 흰 것이 제일 많았고,
그다음이 노랑 그리고 무슨 이유에서였는지
붉은 것이 제일 적었다. 그래서 이번에는 누구에게
붉은 색깔의 별사탕이 더 많이 왔느냐로 시비가 벌어진다.

"난 빨간 별이 5개나 있다."
"그래? 난 2개밖에 없는데, 흰 것하고 바꿔."

이러다가 어느새 또 멱살잡이를 한다.

어머니는 그 비밀을 모르신다.

숫자만 같으면 싸움이 없을 줄로만 아셨는가 보다.

그런데도 다시 싸움판을 벌이는 것을 보시고는
매우 화를 내셨다. 단순한 사탕 싸움이 아니라고
생각하셨나 보다. 그때 처음으로 회초리를 드신 것이다.

형제끼리는 셈하는 것이 아니다. 무엇이든 따지려
들면 의가 상하고 집안은 깨지는 법이다. 이런 말씀을
하시고는 종아리를 치시면서 백까지 세라고 하셨다.

어머니는 근심하고 계셨던 것 같다.

'저 버릇을 고치지 않으면 형제끼리 재산 싸움을 할지도
모른다'고 걱정 끝에 든 매는 매서웠다.

우리는 울면서 하나둘 회초리를 내려치실 때마다
또 숫자를 센다. 살이 파고드는 숫자만큼의 아픔
그 서러움의 숫자를 세는 동안 어머니의 눈에서도
눈물이 고이셨다. 그래 백을 셀 때까지 정말 이렇게
맞고 있을 거야. 어머니가 누그러지시는 기색을 보이자
우리는 밖으로 도망쳤다. 누가 뒤따라오지도 않았는데
우리는 깜깜한 어둠 속으로 달렸다.
불빛이 새어 나오는 쓸쓸한 골목길을 지나
개울둑까지 갔다.

무서웠다.

인적이 끊긴 밤길, 길에서 서성대야만 한다.

영영 집으로 다시 돌아갈 수 없다는 생각이 들었다.

조금 전까지만 해도 멱살을 잡고 싸우던 우리들은

어느새 서로 몸을 맞대고 쪼그리고 앉았다.

여름밤은 가벼운 안개에 덮여 있었다.

캄캄한 어둠 속에는 논판의 물이 불투명한 진줏빛으로

번득인다. 한낮에 받아들였던 일광을 뱉고 있는 것처럼

안개와 어둠에 가려 구획이 확실치는 않았지만,

성채산 검은 산봉우리가 둥실 떠서 검은 하늘에

한층 더 짙은 그림자를 던져주고 있었다.

정적, 어둠, 깊숙한 침몰….

밤은 양量을 소멸시킨다. 숫자를 없애는 것이다.

밤은 숫자의 무덤 그리고 분할의 종착점이다.

거리도, 계산도, 한계도, 너무나 분명하고

너무나 생동생동한 그것들이 잠들어버리는 순간….

어둠을 지배하고 있는 것은 수가 아니라 영혼일 것이다.

모든 것을 하나로 감싸 안는 심연.

"개구리가 우네."

형이 어둠 속을 들여다보면서 작은 소리로 말했다.
정말 개구리들이 울고 있었다. 보드라운 안개,
그 깊숙한 어둠의 밑바닥에서 개구리들은 정말
울고 있었다.

"그래, 개구리가 많이 운다."

나는 아직도 울고 난 뒤끝이라 그렇게 말하고는
흑흑하고 흐느꼈지만 그러나 이미 우리는
울고 있지 않았다. 또 개구리가 많이 운다고는 했어도
개구리의 울음소리를 숫자로 세려고는 하지 않았다.
어떻게 들으면 한 놈이 우는 것 같기도 하고
또 어떻게 들으면 수천, 수만 마리가 우는 것 같은
개구리 소리, 사실 그것을 누가 셀 수 있겠는가.
그것은 어둠이 찰랑거리는 소리다.
하늘과 땅이 맞닿는 소리다. 안개가 움직이는 소리며,
시간이 흘러가는 소리이며, 구름장 틈으로 별안간
왈칵 쏟아져 나오는 별빛의 소리이다.
내 기억 속에는 적어도 그 개구리 소리와
그 안개와 그 별빛과 바람과 부드러운 어둠을
서로 떼어낼 수 없다.

나뭇가지를 잠시 빌려 잠들고 있는 참새처럼
들판의 어둑한 둑 밑에서 우리는 서로 몸을
의지하고 있었다. 말은 하지 않았지만 우리는
서로 용서하고 있었으며 잘못을 뉘우치고 있었다.
빨간 별사탕이 5개든 2개든,
아니 하나도 없든 간에 벌써 그러한 숫자는
우리의 마음을 괴롭히지 않았다.
서로 어렴풋이 얽혀 있는 것들은 수를 거부하고 있다.
분간할 수 없는 것의 희열, 두려움에 의해서
뭉쳐진 결합, 거기에는 수로 표시되는 거리와
계산이란 것이 없다. 무섭고 쓸쓸했지만 그것은
얼마나 놀라운 밤이었던가. 서로 움켜잡은 두 손은,
이미 네 손 내 손을 분갈할 수 없는 그런 손이었다.

어떻게 집으로 돌아왔는지. 지금 그 뒤의 기억은 없다.
분명한 것은 그날 이후에 나는 별사탕은 물론이고
더 이상 수를 세는 버릇을 끊어버리고 말았다는
사실이다. 그 때문인지는 몰라도 여러 과목 가운데서
산수 점수는 늘 시원치 않았다.
산수책 표지의 그 쑥빛 색깔만 보아도 가슴이 불안했다.
이따금 월급봉투를 받아 들고 돈을 세다가,
우연히 아내의 가계부를 들여다보다가,
전화번호가 적힌 거리의 간판 자동차 번호,
찢겨진 복권, 번호표의 그 많은 숫자를 보다가,
지금도 문득 그날 밤의 개구리 소리를 듣는다.

병풍의 나비가 두 마리였거나 혹은 세 마리였거나,
향낭의 꽃술이 10개였거나 20개였거나
그리고 반자의 꽃무늬를 다 세었거나 못 세었거나,
그것들은 그런 숫자와는 관계없이 분명히
거기 그렇게 존재해 있을 것이다.
그날 밤 몇 마리의 개구리가 울었는지는
이미 관심 밖의 일이다. 어둔 밤 그리고 그 안갯속에서
들려오던 개구리 소리는 누구도 셀 수 없다는 것.
밤은 숫자를 소멸시키고 차이와 윤곽을 없앤다는 것.
나는 그때 문뜩 내 몸에 매 자국처럼 난
숫자의 흔적 너머로 처음 내 영혼을 보았던 것이다.

나는
지우개 달린
작은 몽당연필
지우고 쓰고
쓰고 지우고

첫째 허들

미키마우스의 손가락은
몇 개인가

_수의 탄생

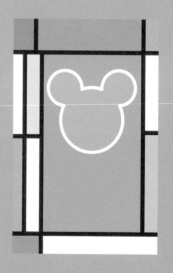

✸ 미키마우스의 손가락은 몇 개인가

　미키마우스! 유치원생도 다 아는 미키마우스. 그런데 그 미키마우스의 손가락이 몇 개지요. 이것이 첫 번째 고개입니다. 시험이나 퀴즈는 지옥의 문이지요. 입시지옥이라고 하듯이 여러분들은 시험이란 말만 들어도 괴로워하지요. 하지만 '8020 이어령 명강'에서는 아닙니다. 누구나 다 알고 있는 것, 아주 쉬운 문제를 냅니다. 흔히 입시지옥이란 말처럼 수험생을 나락으로 떨어뜨리는 것이 아니라 창조의 길로 향하는 고개이지요.

　미키마우스의 손가락이 몇 개지요. 모두 자신이 없는 표정이군요. 내 그럴 줄 알았지요. 5개, 아니 쥐는 사람이 아니니까 4개, 아니면 3개. 빨간색 반바지와 커다란 노란 신발 벙어리장갑 같은 것을 끼고 다니는데 그렇다면 2개인가?

　여러 답이 나오고 있지만 정답은 "모른다"입니다. 모르는 것이 정상이고 맞추는 사람이 이상하지요. 손가락이 몇 개인

지 그런 것 세어보지 않고서도 우리는 지금까지 미키와 재미 있게 친구하고 놀았잖아요.

그런데 생각해봐요. 서울에는 많은 다리가 있고 사람들은 매일 그 다리를 건너 출퇴근하고 있지요. 그럼 한번 물어보세 요. 한강 다리의 교각이 몇 개나 되는지 말예요. 영동대교, 성 수대교, 원효대교, 이름만 들어도 그 다리 모양이나 흐르는 강물이 선명하게 떠오르지만 막상 그 다리를 받치고 있는 교 각들이 몇 개인지는 누구도 모릅니다. 미키마우스의 손가락 이나 한강 다리는 고사하고 자기 집의 계단이나 자기 회사에 있는 계단이 몇 개인지 아는 사람도 별로 없을 겁니다. 따지 고 세어보지 않으면 모르는 것이 숫자지요.

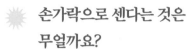# 손가락으로 센다는 것은
무얼까요?

머리로 생각하고 가슴으로 느낀다고들 흔히 말합니다. 그런데 하나가 더 있어요. 손가락으로 꼽아보는 것. 셈하는 것. 나도 어렸을 적에 곧잘 어른들 앞에서 노래 불러 칭찬을 받았던 가사가 기억나네요. 고복수라는 옛날 가수의 〈타향살이〉라는 노래가 있지요. 그 가사가 이래요.

> 타향살이 몇 해던가 손꼽아 헤어보니, 고향 떠난 십여 년에 청춘만 늙어 / 부평 같은 내 신세가 혼자도 기막혀서, 창문 열고 바라보니 하늘 저쪽 / 고향 앞에 버드나무 올봄도 푸르련만, 버들피리 꺾어 불던 그때는 옛날.
>
> • 고복수, 〈타향살이〉

무심코 부르던 노래인데 놀랍죠. 일제 강점하에 많은 사람이 농사지을 땅을 빼앗기고 간도나 일본 탄광으로 떠나 타향살이를 했어요. 요즘 말로 한국인의 디아스포라를 노래한 것이지요. 그런데 막상 타향살이를 해왔으면서도 고향을 떠나온 지 몇 해가 되었는지는 손꼽아서 계산하지 않으면 모른다는 것이지요. 3절을 보면 고향의 버드나무가 올봄에도 푸르다고 말하면서 버들피리를 꺾어 불던 그때의 정경을 생생하게 노래합니다. 그런데 몇 년이나 되었는지 그 햇수는 손을 꼽아 세어봐도 확실치 않은 것이지요. 그래서 '십여 년에'라고 애매한 숫자를 댑니다.

머리로 생각할 수도 가슴으로 느낄 수 없는 것을 손가락으로 생각해내고 계산해내는 것. 정말 손가락은 세지요. 주먹을 쥐고 치는 것보다 더 무섭고 센 것이 숫자를 세는 손가락의 힘이지요.

그래요. 아무리 의인화하여 사람 이상으로 대우를 받고 돈을 벌어들인다는 미키마우스지만 쥐의 손가락으로는 어림도 없지요. 정확하게 말하면 쥐는 처음부터 손가락이 없어요. 앞발은 있어도 사람처럼 손은 없으니까요. 아, 일어선다는 것.

디아스포라
디아스포라Diaspora는 '흩뿌리거나 퍼트리는 것'을 뜻하는 그리스어διασπορά에서 유래한 말이다. 특정 인종Ethnic 집단이 기존에 살던 땅을 떠나 외부로 이동하는 현상을 일컫는다. 한자어로는 파종播種 또는 이산離散이라고 한다. 본토를 떠나 항구적으로 나라 밖에 자리 잡은 집단에 사용한다. 난민 외에도 노동자, 상인, 제국의 관료로서 이주한 사례도 디아스포라에 해당한다.

인간은 일어서는 순간, 네발 달린 짐승과는 달리 앞발이 손이 되고 손가락을 꼽아 수를 셀 수 있는 힘을 얻게 된 것이지요.

디지털, 현대 문명과 떼어놓고 생각할 수 없는 이 말 역시 라틴어로 손가락을 나타내는 '디지투스Digituas'에서 비롯된 것만 보아도 알 수 있습니다. 엄지손과 네 손가락이 있기 때문에 인간은 물건을 쥐기도 하고 숫자를 손꼽아 셀 수 있었던 것입니다. 손가락이 양손 10개이기 때문에 하나에서 열이라는 십진법의 수가 생겨나고 머리로 기억하고 가슴으로 느낄 수 없는 추상적인 수의 세계를 계산하는 힘을 얻게 된 것이지요. 그래서 인간의 손을 '밖으로 나온 뇌'라고 말하기도 하지요. 파악한다고 하는 말. 한자에서 나온 이 낱말의 뜻은 잡을 '파把', 쥘 '악握'의 한자에서 나온 말이지요. 손가락으로 수를 세는 것이나 손가락을 이용하여 무엇을 쥔다는 것은 모두가 같은 인간의 지능과 관계된 것. 사물을 파악하는 방법이었던 것이지요.

새 중에서 가장 영리하다는 까마귀도 나무에 앉아서 그 밑에 지나가는 네 사람까지는 정확하게 구별하고 그것을 셀 수 있고 또 그 사람들의 정보를 읽어낼 수 있다고 합니다. 그러나 5명 이상부터는 전혀 인식하지 못한다는 거죠. 인간 중에도 셋 이상은 그냥 많다고 표현하는 부족들이 있다고 하지만 인간은 조, 경, 재, 구골googol의 경우처럼 거의 무한 수에 가까운 동그라미가 달린 숫자를 헤아릴 줄 압니다. 수는 손가락으로부터 발전된 것입니다. 슬픔도 괴로움도 그리고 즐거움이나 행복을 고복수의 노래처럼 손꼽아 헤어보아야지만 아는 숫자의 동물, 셈하는 짐승이 된 것입니다.

그렇다면 미키마우스의 손가락은 왜 4개인 걸까? 우리의 관심은 숫자의 세계로 가게 됩니다. 처음에는 5개였다고 합니다. 이 그림을 보세요.

월트 디즈니, <미키마우스>(1928).

그런데 여러 이유 때문에 손가락이 4개가 되었다고 합니다. 첫째는 경제적 이유. 만화는 하나의 움직임을 나타내기 위해 최소 4만 5,000장의 똑같은 그림을 그려야 했는데, 손가락 하나를 덜 그리면 매 장당 6.5분이 줄어들어 수백만 달러를 아낄 수 있었던 겁니다.

미키마우스를 디자인한 애니메이터 어브 아이웍스^{Ub Iwerks}는 미키마우스를 컴퍼스와 자, 타원형 자 등 몇 가지로만 그릴 수 있게 단순하게 만들었다고 합니다. 그래야 누구나 쉽게 그릴 수 있으니까요. 결과적으로 귀나 머리, 얼굴이 모두 동글동글하게 생겨 귀엽고 친숙해 보인 것이지요.

둘째 동영상은 손을 흔들 때 잔상이 생겨 다섯 손가락이 6개 이상으로 보이기 때문에 단순화시켰다는 설도 있어요.

셋째 과학적 근거. 쥐는 앞발가락은 4개, 뒷발가락은 5개로 발톱이 있다고 합니다.

또 넷째로는 종교적 이유라고 합니다. 아무리 의인화됐지만 쥐는 쥐가 아니냐, 그러니 사람과 똑같은 숫자의 손가락을 갖는 건 하나님의 형상대로 지으셨다는 인간을 그리고 신을 모독하는 것이라는 거죠. 골치 아프죠. 따지지 않고 사는 세상이면 좋겠는데 쥐 한 마리가 이렇게 과학 기술 종교 경제의 문제까지 몰고 올 줄이야. 그래요. 그것이 바로 숫자의 세계 따지는 세계. 하나냐 둘이냐의 작은 차이도 그냥 넘어가지 않는 것이 수의 엄정성이요 바로 일상적인 감각의 세계와는 다른 특성이라는 겁니다.

☀ 숫자,
현대 문명의 자궁

　수의 세계는 여러 가지 기능이 있습니다. 순서를 정하기도 하고. 번호를 매기기도 하고 그러나. 어쨌든 '하나, 둘, 셋, 넷……' 세는 것이지요. 계산하는 것이지요. 그런데 이 센다는 것은 굉장히 따분합니다. 앞에서 본 것처럼 다리의 모양을 떠오르는데 그 교각의 수가 몇 개인지는 계산해보지 않으면 모르는 것처럼 우리의 감각적인 일상 체험에서는 수라는 것은 동떨어진 것이기 때문에 손꼽아 세어본다는 것이 참 따분한 것이지요.

　수렵사회나 채집사회에서는 숫자가 필요 없었어요. 그래서 알타미라 동굴 그림 같은 것을 보면 아주 생생하게 동물 그림이 그려져 있었어요. 그런데 농경사회나 가축, 유목사회에 들어오면서 숫자가 중요하게 되지요. 자기가 기르는 양이 모두 몇 마리인지 알아야 해요.

　그런데 다섯 마리가 넘으면 모른다고 합니다. 사람들이 다

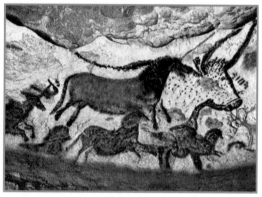

섯이 넘으면 직관적으로는 숫자를 모릅니다. "둘이 먹다가 하
나 죽어도 모른다"는 말이 있듯이 실제로 여섯은 먹다가 하
나 죽어도 세어보지 않으면 모른다는 거예요. 둘은 알지만 다
섯 이상만 되면 모른다는 것이지요. 그래서 손가락으로 세어

보았다는 거예요.

　손가락으로 안 되니까 숫자를 세어보았다는 것입니다. 그래서 수렵시대에는 숫자 없이도 살 수 있어요. 농경사회, 유목사회가 되어 가축을 기르고 목축을 하면 반드시 수가 필요하게 되는 것이지요. 그래서 요즘 자본이라는 캐피탈Capital은 라틴어 캐피투스Capitus 양 머리라는 어원을 갖고 있습니다. 목축사회에서 양 머리는 재산이기 때문에 없어지면 안 되지요. 그래서 숫자로 세어보았어요. 그렇기 때문에 특히 로마자는 아침에 양 떼가 나갈 때 하나씩 줄을 그어놓은 거예요. 세계 어디든지 다섯이 되면 그림이 달라져요.

　양들이 아침에 풀 뜯으러 갈 때 양 치는 소년들이 양을 세기 위해서 매듭을 짓거나 칼로 나무를 깎거나 했어요. 그런데 수를 세는 것이 오죽 따분했으면 늑대가 온다고 거짓말을 했겠어요. 이렇게 재미없다는 거지요. 그러니까 지금도 잠이 안 올 때는 양을 세어보라고 했던 거지요. 여러분들도 실제로 해봤어요? 이런 것은 서양 사람이나 하는 거예요. 이것도 'Sheep'과 'Sleep'이 발음이 비슷하니까 생겨난 말이지. 양 떼를 하나하나 생각하면 머리가 더 말똥말똥해져버리잖아요? 그만큼 센다는 것은 재미없는 일이라는 거지요.

　먼 조상들의 시대로 거슬러 올라갈 것 없이 우리 자신의 일생을 생각해봐요. 우리는 숫자와 함께 태어났어요. "응애~!"라고 울며 태어나는 순간, '몇 년, 몇 월, 며칠, 몇 시!'라는 수가 지문처럼 찍히는 것이지요. 그리고 나의 정체성이 되고 나를 증명하게 되는 이 생년월일은 죽음의 그날까지 내 곁을 떠나지 않아요. 우리가 사주팔자라고 하는 것이 바로 그 생년월일과 시를 말하는 것이 아닙니까. 더구나 요즘에는 초까지 계산합니다. 산실에서 태어나는 순간, 간호사가 아기의 발에 띠를 채워주고 뭐라 그럽니까?

"축하합니다. 20○○년 3월 25일 20시 37분 52초에 공주님이 태어나셨습니다."

이 숫자가 생일이 되고, 만 18세가 되면 이 숫자와 또 다른 숫자 7자가 더해져 주민등록번호가 부여됩니다. 그리고 그 숫자가 우리나라 안에서 우리의 존재를 증명합니다. ARS로 처리되는 모든 공적 업무를 생각해보십시오. 친절한 여성의 음성이 우리의 신원 확인을 위해 주민등록번호를 요구하고, 휴대전화번호를 요구합니다. 우리는 전화기의 숫자 버튼을 눌러 우리의 존재를 증명해야 합니다. 그러고서야 비로소 상담원, 다른 사람과 이어질 수 있습니다. 그런데 그 주민등록번호라는 것이 무엇인가요? 바로 우리가 태어난 생년월일입니다. 성공했다며 큰소리치고 사는 사람이나 힘들게 사는 사람이나 마찬가지입니다.

그러니 숫자는 꽤 공평한 것입니다. 이것이 바로 근대의 감각입니다. 숫자는 명확합니다. 3과 2가 헷갈릴 수 없지요. 그래서 사람들은 숫자로 표현된 것을 신뢰합니다. 흔히 보는

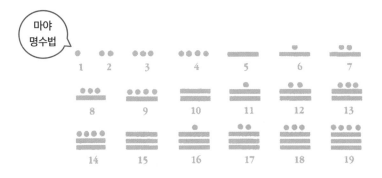

통계 숫자들 있잖아요. 선거철이 되면 신문마다 후보별 지지율이 몇 퍼센트다, 오차 범위는 몇 퍼센트다, 숫자를 신뢰도까지도 숫자로 보완하는 겁니다. 그런데 이 숫자들은 무엇을 정확하게 보여주는 것일까요?

『100만 불짜리의 설득력』이라는 책의 저자는 이런 말을 했습니다. 자신은 언제나 강연 시작 전에 잘못된 통계 숫자를 믿는 사람들이 86퍼센트나 된다고 이야기한다, 그런 후 45분쯤 지난 뒤 아까 "제가 뭐라고 했죠?"라며 청중에게 다시 묻는답니다. 그러면서 "잘못된 통계 숫자를 믿는"의 '믿는'이라는 말을 살짝 바꿔서 "잘못된 통계 숫자를 기억하는 사람들이 몇 퍼센트라고 했습니까?"라고 하면 모두가 "86퍼센트요"라고 답한다고요. 그 숫자가 무엇을 나타내는 것인가는 잊고

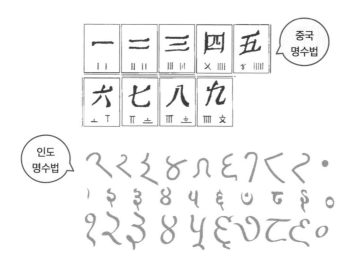

숫자만 기억하는 일이 많다는 겁니다. 그래서 광고 회사들이 제품을 이야기할 때, 86퍼센트 순수익, 몇 분의 몇 퍼센트니, 순도 얼마라고 하는 숫자들을 넣어 믿을 만한 정보로 만든다고요.

암반 지하수 150미터에서 퍼낸 순수한 물로 맥주를 만들었다고 광고한 한 맥주 광고를 기억하시나요? 150미터가 얼마나 깊은 것인지, 암반수에서 나오는 물이 정말 깨끗한 것인지, 이 물이 맥주를 더 맛있게 만든다는 어떤 근거가 있는지도 모르면서 광고를 보는 사람들은 암반수 150미터라는 숫자를 맛있는 맥주의 과학적 근거로 생각해버리는 겁니다. 또 미인을 나타낼 때도 그저 '아름답다'라고만 하는 것으로는 충분치 않다고 생각합니다. '웨스트는 얼마, 바스트는 얼마', 눈과 코의 비율, 코와 인중의 비율이 '황금 비율'이어야 한다는 식으로 나타냅니다.

이렇게 전부 숫자로 생각합니다. 전화번호, 주민등록번호, 그러니까 "얘, 머리 좋아?" 그러지 않고 "얘, 아이큐 몇이냐?" 그러죠. 심지어 영혼까지 무게로 재려 합니다. 죽기 직전에 잰 몸무게와 숨이 꼴깍 넘어갔을 때 무게 차이가 21그램이었다고 해서 영혼의 무게가 21그램이라고들 하잖습니까? 영혼도 재는 시대라면 한 젓가락과 등가인 세계가 된 겁니다.

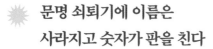

문명 쇠퇴기에 이름은
사라지고 숫자가 판을 친다

『어린왕자』를 쓴 생텍쥐페리는 숫자가 판치는 세상에 대해 여러 이야기를 했습니다. 수에만 관심 있는 어른들 때문에 예술가의 꿈을 버리고 비행기 조종사가 된 이야기가 나옵니다. 또 어린왕자는 자신이 살았던 곳에 대해 이야기하면서 혹성 이름이 B612가 된 것에 대해 이렇게 이야기합니다.

어린왕자의 혹성 이름 이야기

내가 소혹성 B612호에 대해 이렇게 자세히 설명하고 그 번호까지 자세하게 적어놓은 것은 어른들의 생활방식 때문이다. 어른들은 숫자를 좋아한다. 새로 사귄 친구에 대해 이야기 하면 그들은 가장 중요한 것에 대해서는 물어보지도 않는다.

"그 애 목소리는 어떠니?"

"그 애는 어떤 놀이를 좋아하니?"

"나비 채집도 하니?"

생텍쥐페리의 『어린왕자』 초판 삽화.

이런 질문을 그들은 결코 하지 않는다. 그 대신에 그들은,

"그 애는 몇 살이니?"

"형제는 몇이니?"

"몸무게는?"

"그 애 아버지의 수입은 얼마니?" 하고 묻는다. 이런 숫자들로만 그 친구가 어떤 사람인지 알게 되는 줄로 생각하는 것이다. 만약 어른들에게, "창가에 제라늄 화분이 있고 지붕에는 비둘기가 있는, 장밋빛 벽돌로 지은 예쁜 집을 보았어요"라고 말하면 그들은 그 집이 어떤 집인지 전혀 상상하지 못한다.

그들에게는, "10만 프랑 나가는 집을 보았어요" 하고 말해야

만 한다. 그러면 그들은 "야, 그것참 훌륭한 집이구나!" 하고
감탄한다.

•『어린왕자』중에서

그런데 그 숫자들을 눈으로 보고 느낄 수 있어요? 그렇지
않잖아요. 그런데도 살면서 우리는 그런 숫자를 잣대로 끊임
없이 경쟁하고 판단합니다. 고대 그리스의 철학자이자 수학
자였던 피타고라스는 세상의 모든 것을 숫자로 나타낼 수 있
다고 생각했습니다. 운명이고 사람이고 뭐든지 표현할 수 있
다고 생각한 것입니다. 말도 안 된다고 생각하겠지만 피타고
라스는 실제로 다 했어요. 이집트에 다니면서 피라미드도 재
어보고 다 한 것입니다. 숫자로 다 된다는 생각! 오늘날 컴퓨

피타고라스의 정리

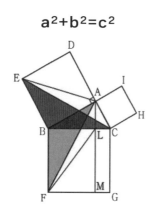

$$a^2+b^2=c^2$$

라파엘로가 그린 '아테네 학당'에 등장하는
피타고라스.

터와 마찬가지였어요.

그런데 피타고라스의 제자가 무리수를 발견한 거예요. 실수이면서 분수의 형식으로 나타낼 수 없는 수가 있었습니다. 절대 숫자인 1, 2, 3, 4에 간격이 있었지요. 1 하고 2, 2 하고 3, 3 하고 4 사이에. 하지만 원주율인 파이(π), 3.14 같은 건 몇조까지 계산해도 3.15가 안 돼요. 원주율을 10조 단위까지 계산해 기네스에 올랐다는 일본 회사원이 있다지만 거기까지 암

무리수

무리수Irrational Number, 無理數는 정수의 비比로 나타낼 수 없는 숫자를 일컫는 말이다. 무리수는 소수점 아래에 몇 자리의 숫자가 규칙적으로 반복함이 없이 전개되는 무한소수로 표현되는데, 이 수들은 유리수有理數와 함께 실수를 이룬다. 일반적으로 무리수는 피타고라스가 발견한 것으로 알려졌다. 당시 그리스에서는 우주는 수로 구성되어 있고, 우주의 질서나 조화는 모두 정수의 비로 표현할 수 있다고 믿었다. 따라서 그들은 도형에서의 선분은 크기를 가진 많은 점이 연이어 나란히 있는 것이고, 그 점의 수는 유한하고 헤아릴 수 있다고 생각했다. 그러므로 도형의 선분의 길이의 비는(이것은 점의 개수로서 표현된다) 반드시 정수의 비로 나타낼 수 있다고 생각했다.

하지만 정사각형의 한 변의 길이와 그 대각선의 길이의 비를 생각해보고는 중요한 사실을 깨달았다. 그들은 선분은 유한개의 점의 집합이므로 정사각형의 한 변은 a개의 점으로, 대각선은 b개의 점으로 되어 있다고 생각했으나, a와 b의 비는 정수의 비가 되지 않는다는 것을 알게 된 것이다. 이것이 바로 정수의 비로 나타낼 수 없는 수, 즉 무리수를 발견하게 된 과정이다. 이것은 "만물은 수이다"라고 생각하던 그들에게는 대단히 곤란한 일이었기 때문에 이 무리수의 존재에 대해서는 비밀로 하여 외부에 절대 누설하지 못하도록 했다고 전해진다.

만 계산해도 3.15가 되지 않아요. 그렇다면 3과 4 사이에는 얼마나 많은 숫자들이 숨어 있을까요? 그리고 그것을 일일이 정확하게 구분해낼 수 있을까요?

'피타고라스의 정리'를 보세요. 직각삼각형의 세 변의 관계가 $a^2+b^2=c^2$라고 했습니다. a와 b가 1이라고 한다면 c는 $\sqrt{2}$가 되어야 합니다. 이 숫자를 계산해낼 수 있나요? 하지만 그림으로 그릴 수는 있지요. 직각을 낀 선분 2개를 1센티미터씩으로 그리고 선분의 양 끝을 연결하면 됩니다. 이것이 바로 아날로그지요. 무리수가 있듯이 절대로 0과 1, 이진수로만 표시할 수 있는 디지털로는 안 풀리는 세계가 있어요. 그런데 지금의 문명은 그걸 풀 수 있다고 믿고, 시스템화해 안 풀리는 것은 존재하지 않는 것으로 취급합니다. 엄연히 존재하는 것이 누락되고 삭제되는 것입니다. 셀 수 있는 별은 존재하지만 끝없이 변하고 형태가 애매한 구름은 셀 수 없다고 존재하지 않는 것이 됩니까?

정신의 쇠퇴, 문명의 몰락

『서구의 몰락Der Untergang des Abendlandes』
언어의 창조력이 고갈되어 문명이 쇠퇴기에 들어서면 숫자
가 판치는 세상이 된다고 한다. 그것은 '몰락'의 전주곡이다.
『서구의 몰락』을 쓴 슈펭글러의 말이다.
그러나 차가운 숫자에 상상력을 불어넣어 춤추게 하고 영혼
의 숨결로 그들을 날게 한 시인들 그리고 지식인들이 있다.

숫자는 장사꾼들을 따라 전 세계로 퍼져갔습니다. 장사꾼
들이 만든 길을 따라 문명도 퍼져갔죠. 그걸로 끝났으면 인간
은 그냥 먹고사는 걸로 행복하고 끝났을지도 모릅니다. 하지
만 그 길을 통해서 예수님과 석가모니도 갔습니다. 장사하기
위해서가 아니라 시인들이 아름다운 풍경, 별, 바람을 쫓아서
김삿갓처럼 방랑한 거예요. 그 사람들은 숫자가 아니죠. 거꾸
로, 셀 수 없는 것, 숫자라 할지라도 그 수를 가지고 철학을

만들고 사역을 만들고 문화를 만든 거예요. 그렇기 때문에 성경에도 나오는 것처럼 가장 알 수 없는 길은 하늘을 나는 독수리가 지나간 길, 뱀의 길, 뱃길. 그리고 남자와 여자가 함께한 사랑이라는 길이라고 합니다.

남자들이 여성에게 끌려서 가는 그 길. 사랑의 길. 그건 알수 없다는 겁니다. 이걸 숫자로 셀 수 있을까요? 우리가 사랑하는 순간 시장에서 쓰는 화폐가 별 의미가 없어져요. 이수일과 심순애 같은 거 있죠? 사랑보다도 돈 때문에 움직이는 것. 이것은 위험한 세계입니다. 그렇기 때문에 숫자의 세계와 언어의 세계 가운데, 사랑은 언어로 숫자가 아닌 언어로 표현해야 하는 겁니다. 그런데 지금은 모든 것이 숫자로 표현되지요. GNP나 서열, 돈의 액수. 하지만 모든 것이 이렇게 숫자로 표현될수록 우리는 숫자로 표현할 수 없는 것들, 사랑이나 마음이나 정의 같은 것의 귀중함을 더 깨닫게 됩니다. 참 역설적이지요.

이런 이야기를 하다 보니, 문득 슈펭글러의 예언이 떠오릅니다. 슈펭글러는 그의 저작 『서구의 몰락』에서 문명 쇠퇴기에는 숫자가 판을 친다고 했습니다.

이 세상에서 언어라고 하는 것은 '정신' 그 자체다. 그런데 이게 쇠퇴하면 숫자들이 나와서 이 언어로 사색하는 개념을 전부 숫자화해서 이 세상은 완전히 숫자들이 판을 지배한다.

숫자의 세계는 엄연한 존재를 누락하거나 삭제하는 것뿐 아니라 아까 스토리텔링에서 이야기한 것처럼 분쟁의 씨앗이 되기도 합니다. 벽지와 천장의 무늬를 세던 아이가 어머니가 나누어주시던 별사탕의 숫자를 세게 되면서, 누가 별사탕을 더 많이 받았느냐로 싸우기 시작했고 나중에는 빨간 별사탕을 누가 더 많이 가졌느냐로 싸웁니다. 계속 싸움이 그치질 않자 형제는 어머니에게 매를 맞았고요. 모든 투쟁은 수를 세는 데서부터 시작한다는 것을 스토리텔링에서 보았지요. 모든 종류의 싸움, 질량의 싸움, 분쟁의 이야기는 숫자 때문에 생깁니다. 제가 『하나의 나뭇잎이 흔들릴 때』에서 말한 것처럼 "만약 3과 같이 쪼개지지 않는 기수가 존재하는 한 너와 나 사이엔 언제나 평화라는 것이 없을 것"이기 때문이죠.

숫자로 존재를 증명해야 하고, 뭐든 숫자로 표현해야 믿는 지금의 세상이 슈펭글러가 예언한 그런 세상이 아닌가 생각

오스발트 슈펭글러 Oswald Spengler
독일의 역사가·문화 철학자. 뮌헨·베를린·할레의 각 대학에서 수학과 자연과학을 전공하고 동시에 철학·역사·예술에도 힘을 쏟았다. 『서구의 몰락』에서 문명은 유기체로 발생·성장·노쇠·사멸의 과정을 밟는다고 주장했다. 이 문화형태학을 근거로 서양문명의 몰락을 예언하였다. 토인비 등에게도 영향을 주었다.

하게 됩니다. 숫자는 처음에는 언어에서 나왔다고 했습니다. 언어 역시 사물에 이름을 부여함으로써 서로를 구분하는 역할을 했습니다. 하지만 말에는 유사어가 있고 같은 말이라도, 가령 검은색, 흰색이 덜 까맣고 덜 희다, 더 까맣고 더욱 희다, 이런 색은 검은색일까요? 흰색일까요? 흑백이라는 말 속에 흰색과 검은색의 경계는 어디까지입니까? 정확한 색을 정의하려면 다시 숫자가 나올 수밖에 없습니다. 흰색이 몇 퍼센트인가, 검은색이 몇 퍼센트냐, 이렇게요. 그래서 말은 애매합니다. 말은 회색지대를 품고 있습니다. 이것은 아날로그의 세계이고 근대 이전의 세계였습니다.

우리 옛사람들이 쓰던 숫자를 생각해보세요. 우리나라 사람들은 "몇 개 줄까?" 하는 질문에 "한 두서너 개"라고 답하는 경우가 많았습니다. 2개면 2개고 3개면 3개지 왜 두서너 개라고 했을까? 이렇게 답했을 때, "몇 개 줄까?"라고 물은 사람은 도대체 몇 개를 줘야 할까? 그러니까 이건 마음을 나타내는 말입니다. 서로의 마음을 헤아려야 하는 것이지요. 어떻게 마음을 딱 떨어지는 숫자로 표현할 수 있겠습니까? 그게 전근대인의 마음입니다. 언어와 숫자가 한 몸이었을 때, 과연 언어가 먼저였을까, 숫자가 먼저였을까 하는 것은 문화인류학자들 사이에서도 논쟁거리입니다. 언어가 생긴 후에 숫자가 분화되는 게 당연한 거 아니냐고 할지 모르지만 어쩌면 숫자가 먼저 생겼을지도 모릅니다. 가령 짐승을 잡았을 때, 몫을

나누는 일, 자기 몫으로 분배된 고기를 사랑하는 사람에게 나
눠주는 일에는 계산하는 능력이 필요했을 테니까요.

우리보다 일찍 근대화된 서양 사람들은 다섯 손가락도 엄
지와 네 손가락Thumb and fingers으로 정확하게 구분했습니다.
이들에게 우리나라와 같은 '한 두서너 개'의 세계란 없는 거
예요. 하지만 지금은 우리도 그렇지 않죠. 알게 모르게 숫자
속에 살면서도 그것을 잘 생각하거나 의식하지 않았습니다.
어쨌든 편리하거든요. 이렇게 우리 주변을 떠도는 숫자들의
의미는 무엇일까요? 아까 한강 다리의 개수를 아는 사람은 그
것을 관리하는 사람일 거라고 말했지요. 근대 이후의 숫자는
우리의 삶을 관리하고 통제하는 용도로 사용되어왔습니다.
나를 설명하고 증명하기 위해 생김새와 성격과 좋아하는 것
을 이야기해야 한다면 얼마나 막연하겠습니까? 하지만 주민
등록번호를 대면 내가 나라는 게 간단하게 증명되는 겁니다.
릴케도 『말테의 수기』에서 말하지 않았습니까? "숫자란 것
은, 말하자면 단지 국가의 질서를 위하여 설비된 것에 지나지
않는다. 종이 위에서밖에 숫자란 것을 본 사람은 어디도 없
다. 이를테면 어느 파티 같은 데서 '7'을 보았다든지 '25'를
보았다든지 하는 것은 절대로 들은 예가 없는 것이 아닌가.
원래 숫자란 가공적인 것에 지나지 않는다"고 말입니다.

이 숫자 속에서 우리는 '진짜 자신'을 잃어버렸습니다. 숫
자 속에 파묻혀버린 나, 매몰된 나. 숫자 속에 그 집단 속에

고유한 세상에 하나뿐인 지문, 나만이 가지고 있는 캐릭터가 소실되는 세계에서 살고 있는 겁니다. 그렇다면 우리는 이 수에서 어떻게 벗어날 수 있을까. 어떻게 수라는 과학적 미신에서 벗어날 수 있는가. 본래로 돌아가야 합니다. 숫자의 언어성을 회복하는 것. 우리가 잃어버린 감성의 세계, 아날로그의 세계를 회복해야 하는 겁니다. 살아가는 데 있어서 숫자, 언어 이 두 가지가 중요한 역할을 하고 숫자를 언어화하느냐 언어를 숫자화하느냐 즉, 셀 수 있는 세계를 셀 수 없는 세계로 나타내느냐, 셀 수 없는 세계를 셀 수 있는 세계로 나타내느냐. 이 숫자와 언어가 서로 오고가는 또 하나의 길. 숫자세계와 언어세계가 둘로 딱 갈라져 있는 것이 아니라 그것들이 서로 또 뒤범벅이 되는 세계가 있다는 것을 알고 찾는 것입니다.

말테의 수기手記
오스트리아의 시인이자 소설가인 릴케의 유일한 장편소설인 『말테의 수기手記』의 원제는 『Die Aufzeichnungen des Malte Laurids Brigge』(1910)이다. 덴마크 귀족 계급 출신이 무일푼으로 파리에서 죽음과 불안에 떠는 영락한 생활을 영위하면서 쓴 수기다. 인간이란 무엇인가, 인생이란 무엇인가에 대한 견해를 풀고 있다.

✸ 어머니 이야기의 회복

어머니는 숫자를 가르쳐주기 전에 많은 이야기를 들려주었습니다. 마치 어머니의 젖을 먹고 자라나는 것처럼 글씨를 알기 전에 우리는 어머니의 음성을 들으면서 자랐어요. 옛날에는 다 그랬습니다. 우유가 아니라 어머니의 젖을 빨며 자랐던 거죠. 그와 마찬가지로 모유가 아니라 모어^{母語}, 어머니의 말을 통해서, 저 신기한 이야기의 세계와 접했던 겁니다. 구구단을 외울 때도 숫자에 멜로디를 얹었습니다. 그러면 더 잘 외워졌지요.

애초에 과학은 마술에서 나왔습니다. 고대의 학교에서는 마술사들이 수의 마력에 대해서 배웠지요. 그러나 그 수는 양을 나타내는 경우에는 쓰지 않았습니다. 하지만 오늘날에는 이런 숫자의 신비에 대해서는 완전히 잊었습니다. 그러니 이 둘이 혼재했던 원래의 세계로 돌아가야 합니다. 수를 단순한 사물을 계량하고 번호를 매기는 그러한 기능적인 것이 아니라 언어와 마찬가지로 숫자 속에 숨어 있는 모든 문학, 정신 이런 것을 되살릴 때 또 다른 창조의 세계가 열릴 것입니다.

숫자는 우리의 정신을, 우리의 개성을, 우리의 창조를 숫자가 좀먹습니다. 이것을 막을 수 있는 살맛들이 바로 '8020 이어령 명강'의 주인인 여러분입니다. 상상력으로, 창조의 씨앗으로 말입니다. 계산할 때 1,004라는 숫자는 숫자 이외의 다른 뜻이 없어요. 그냥 1,003보다 크고 1,005보다 작다는 의미밖에 없어요. 복잡한 다른 의미가 없기 때문에 언어가 할 수 없는 과학이나 이성적이고 객관적인 세계를 숫자로 다룰 수 있는 것입니다.

반면 언어는 어떤가요? 물이라고 하면 여러 의미가 있습니다. '맑다, 차갑다, 흐르다'에서부터 '시원하다, 맑다'는 뜻도 있습니다. 한자 사전을 찾아보세요. 물을 뜻하는 삼수(氵)변을 갖고 있는 글자 수가 무려 1,273종 이상입니다. 수많은 뜻을 만들어낼 수 있습니다.

1,004의 숫자를 언어로 바꿔볼까요. '원'이 아니라 '님' 자를 붙여보세요. 1,004원은 천사님이 됩니다. 그것 참 뜻하지 않게 숫자를 언어로 들여다보니 갑자기 때 묻은 지폐가 하얀 날개를 펴고 하늘에서 내려와요. 자, 이런 이미지를 온종일 돈만 만져보던 은행직원이 시인의 상상력으로 내려와 머리 위에 천사가 나타났다고 해봅시다. 이 행운의 사나이는 기발한 아이디어를 내고 은행 고객을 늘릴 수 있을 거예요. 어린

아이가 태어났을 때, 축하금으로 아기 천사의 통장을 만들어 선물을 주는 거지요. 축하금으로 1,004원이 입금된 통장을 말입니다. 그러면 그 아이는 평생 그 은행의 고객이 될 가능성이 많아요. 기분이 좋거든요.

그렇지 않아도 아이의 축하금으로 받은 돈도 있고, 앞으로 금반지 같은 것이 생기면 어디에다 맡겨요. 천사 은행입니다. 바로 그 길이 트이는 거지요. 만약 천사 통장이라는 상징적 의미 없이 불쑥 1,000원만 넣어 돌려보세요. 받는 사람의 얼굴이 붉어지면서 무시당했다고 아마 평생 고객이 아니라 평생 원수가 될지도 모르죠. 바로 그런 것입니다. 세상이라는 것이 "말 한마디로 천 냥 빚을 갚는다"는 말처럼 눈으로는 보이지 않는 세계, 숫자로 계산할 수 없는 의미와 상징, 신화의 세계가 돈보다 훨씬 센 힘을 갖는다는 것이지요.

'8020 이어령 명강'에서 하려는 것이 바로 이것입니다. 우리가 소통하고 생각하는 세계에 바로 숫자로 풀지 못하는 그런 세계가 있다는 것을 알자는 것입니다. 우리가 살고 있는 세계, 그 숫자의 감옥에서 나가도록 해주는 것, 그래서 생생하게 내가 나의 얼굴로 존재할 수 있게 하는 것, 나를 찾는 것, 나를 찾는 숨바꼭질, 이 게임을 이제부터 시작하려는 겁니다.

소위 디지털로만 알게 된 세계가 아닌 아날로그적인 것과 디지털적인 것이 합쳐진 '디지로그'의 세계, 생명 자본주의라

는 큰 흐름을 찾자는 것이지요. 한국인이 가지고 있는 아날로
그 자원과 디지털 자원을 함께해 숫자로 표현할 수 없는 사
랑, 믿음, 행복, 가능성 등으로 숫자가 재탄생하는 세계를 찾
으려는 것이지요.

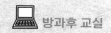

원주율 파이(π)

3하고 4 사이에 있는 원주율 파이(π).
3.14 같은 건 몇조까지 계산해도 3.15가 안 돼요.

2

이름의 세계

숫자의 세계 건너편에는 이름의 세계가 있다. 숫자가 개별성을 지우고 관리와 통제를 위한 시스템이라면 이름은 개성과 다양성, 차별성을 드러내는 세계다. 미키마우스는 '미키마우스'라는 이름, 고유명사를 붙이는 순간 한 마리 두 마리 하고 숫자로 세던 혐오스러운 쥐에서 자기만의 스토리를 가진 특별한 캐릭터가 된다. 보통명사로서의 그 많은 쥐 가운데 단 한 마리의 특별한 쥐. 그것은 생명의 세계다. '미키'라는 이름에 담긴 역사와 슬픔까지도 포용하는 세계.

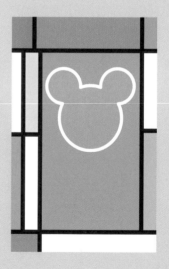

허공의 작은 별들에도 이름이 있고 외로운 초원에 피는 야생화에도 이름이 있다. 이름을 통해서 우리는 모든 존재를 내다본다. 그래서 사물이 있고 이름이 있는 것이 아니라, 이름이 있고 사물이 있다는 역설도 성립한다.

"내가 그의 이름을 불러주기 전에는
그는 다만
하나의 몸짓에 지나지 않았다.

내가 그의 이름을 불러주었을 때
그는 나에게로 와서
꽃이 되었다"는 김춘수 시인의 '꽃'처럼.

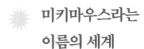

미키마우스라는 이름의 세계

　미키마우스의 이름은 어째서 '미키마우스'인가? 미키마우스의 손가락 이야기를 할 때는 디자인이며, 경제성 등이 중요한 문제였지만 언어는 애매합니다. 숫자보다는 확실히 애매하지요. 그래도 한번 따져봅시다. 시의 이론으로 보면 미키마우스는 두운Alliteration이 M, M으로 맞아떨어집니다. 아이들이 태어나서 처음 배우는 음은 모음이고, 처음으로 배우는 자음은 M입니다. '엄마'라는 뜻을 가진 세계의 모든 언어들이 'M'음을 갖고 있는 것이 그 증거죠. 맘마, 메르, 엄마. 인간이 처음으로 배우는 게 'ㅁ' 자입니다.

　그래서 미키마우스라는 이름은 세계 어느 나라 어린이들이 불러도 발음하기 쉽죠. M. M.이 겹치니까 부르면 기분이 좋고. 또 미키는 음절이 짧게, 그리고 끝이 '이'음으로 끝납니다. 영어에서 Y로 끝나는 단어는 모두 작은 느낌을 줍니다. 그래서 똑같은 이름이어도 아이들 애칭은 끝을 '이'음으로 끝나도록 고쳐 부릅니다. 마이클은 '마이키', 톰은 '토미.' 사람뿐만 아니라 동물들의 새끼도 그렇게 부르지요. 강아지는 도기나 퍼피, 조랑말을 포니라고 부르는 것처럼요. 그러니 음운학적으로 잘 지은 이름입니다. 미국 여배우 마릴린 먼로도 마찬가지입니다. 본명이 노마 진. 그런데 마릴린 먼로Marilyn Monroe는 M, M 사운드가 있고, 귀엽고 부드러운 느낌이 드는 유음 L, M, N이 많이 쓰여 더 부르기 좋은 이름이 된 겁니다.

이름 미키마우스 가운데 마우스는 보통명사죠. 검은 생쥐를 가리키는 말입니다. 생쥐는 더럽고, 볼품없이 생겼죠. 병균을 뿌리고 다녀서 사람들에게 혐오의 대상이었죠. 그런데 '미키'라는 이름을 달아주니까 이 쥐는 그런 불쾌하고 불결한 쥐에서 갑자기 다른 존재가 됩니다. 현실적으로 절대 불가능한 똑똑한 쥐, 이 세상에는 없는 쥐, 한 마리가 생긴 겁니다. '미키'란 말도 미국에서 쥐만큼이나 천대받는 말이었습니다. 왜냐하면 미키는 미카엘, 천사의 이름인데, 특히 가톨릭 신자들이 세례명으로 애용한 미카엘 천사의 애칭입니다. 영어로는 마이클인데, 이것이 아일랜드에서는 '미키'로 통했습니다. 그러니까 '미키'는 아일랜드 사람을 지칭하는 겁니다. 아일랜드가 어떤 나라입니까? 우리에겐 사랑하는 아들을 전쟁터로 떠나보낸 어머니의 슬픈 심정을 담은 〈대니 보이〉라는 노래로 먼저 떠오르는 아일랜드는 그 노래만큼이나 슬픈 역사를 가진 나라입니다. 영국으로부터 12세기부터 750년간 식민

지배를 받다시피 했지요. 19세기에는 감자 대기근이라는 자연재해와 종교분쟁이 뒤얽혀서 아일랜드인들이 대거 미국으

감자 대기근(The Great Hunger, **아일랜드어**: An Gorta Mór, An Drochshaol)

1847년 아일랜드에서 발생한 사건이다. 아일랜드인들의 주식인 감자의 흉작으로 800여만 명의 아일랜드 인구 중 반인 400여만 명이 죽거나 이주했다. 1847년 아일랜드 전역에 감자 마름병이 발생해 아일랜드인들이 굶주림으로 죽어나갔다고 알려졌지만, 감자 마름병보다 더 직접적인 원인은 영국인 지주들의 착취였다. 그들은 아일랜드인을 소작인으로 부리면서 많은 곡식을 축적했다. 당시 아일랜드에는 감자 외에도 밀과 옥수수 등 각종 곡식이 많이 자랐으나 수확하는 대로 영국으로 가져가서 아일랜드인은 먹을 것이 없었다.

먹을 것조차 없는 아일랜드 소작인에게 영국인 지주들은 소작료를 요구했고 이 또한 대기근의 원인이었다. 기근은 서부지방에서 시작되어 서서히 동쪽으로 퍼져 나갔는데, 총 800만 명의 인구 가운데 죽은 사람이 무려 200만 명이었다. 길거리에는 시체가 여기저기 널려 있고 살아 있는 사람들조차 거의 시체와 마찬가지였다고 한다. 영국에 도움을 요청했으나 외면당했고 심지어 '멍청하고 게으른' 아일랜드 사람들 탓으로까지 돌렸다. 대기근의 참상을 전하는 당시의 기록들은 모두 너무 끔찍하다.

생존자들은 살아남기 위해 너도 나도 할 것 없이 외국행 배에 몸을 실었다. 그러나 외국으로 가는 배는 허술하고 불결하여 배 안에서 역병이 돌 정도였다. 그래서 이 배들은 관선Coffin Ship이라고까지 불렸다. 당시 외국으로 이민을 떠난 사람들이 약 200여만 명으로 알려져 있는데, 이 가운데 60퍼센트는 육지에 발도 디뎌보지 못한 채 배 안에서 죽었다. 캐나다 몬트리올에는 무려 25,000명이 함께 매장된 공동묘지가 있는데, 캐나다로 이주한 아일랜드인들의 무덤이다. 800여 년간 영국의 식민통치에 시달린 아일랜드는 이 기간에 전 국토가 황폐화되었고, 지금까지도 19세기에 발생한 인류 최대의 재앙으로 기록되고 있다.

로 이민을 오게 되었는데, 가톨릭이 국교이다시피 했던 아일랜드 사람들 가운데는 '미키'라는 이름이 많았던 겁니다. 우리가 잘 아는 영화 〈타이타닉〉에서 새로운 희망을 찾아 미국으로 떠나는 남자 주인공 '잭 도슨'도 바로 이 아일랜드 이민자 중 하나였지요. 굶어 죽지 않으려고 신대륙으로 건너온 사람들의 상황이 얼마나 열악했겠습니까? 완전 거지죠.

먼저 온 이민자들은 지금 미국의 지배계층을 이루고 있는 와스프WASP입니다. 백인White 앵글로색슨Anglo-Saxon, 신교도 Protestant. 이들에게 거지가 되어 찾아온 골수 가톨릭 신자들인 아일랜드인들이 얼마나 가소로워 보였겠습니까? 그런데 왜 하필 미국 내에서 천시되고 업신여김을 당하는 이름을 썼을까요? 우리 같으면 '엽전'이라고 부르는 것과 비슷한 뉘앙스인 거죠. 일본 사람이라면 쪽바리, 중국인이라면 짱깨. 어느 나라나 다 인종차별적 언어가 있는데, '미키'가 바로 그런 언어였다는 겁니다. 그런 모멸의 언어를 모든 이에게 사랑받아야 하는 대중적인 만화 캐릭터에 붙인 겁니다. 미키마우스의 아버지로 불리는 월트 디즈니의 아버지는 아일랜드계 이민자 출신이었습니다. 월트 디즈니가 1901년 출생이니까 그의 아버지는 1845년 감자 대기근 이후 미국으로 이민 온 사람의 후예였을 겁니다. 당시의 미국 분위기로 봤을 때, 시간이 조금 지났다고 하더라도 멸시의 분위기는 남아 있었겠죠. 아마 디즈니 자신도 멸시를 받았겠지요. 분하고 무시당했던 그 이름을 똑같이 멸시당하던 동물 쥐에게 주어 사랑받게 함으로써 역전극이 벌어진 겁니다. 미키마우스의 몸속에는 아일랜드인의 피가 흐르고 있습니다. 〈대니 보이〉의 슬픈 가락과 백파이프의 오음계, 그런 DNA가 들어 있는 거죠.

'미키'라는 이름, 쥐에다 '미키마우스'라는 고유명사를 붙이는 순간 오늘의 그 징그럽고 인간에게 해를 끼치는 마우스는 한 마리의 특별한 쥐가 됩니다. 쥐가 캐릭터가 된 것입니다. 전혀 다른 캐릭터, 그만의 스토리가 생겨납니다. 그것은 이미 한 생명입니다. 우리는 앞 장의 숫자의 세계가 무엇인지를 배웠습니다. 그런데 미키라는 이름의 세계는 숫자의 세계와는 정반대입니다. 만약 미키가 군인이었다면, 혹은 죄수였다면, 미키라는 이름은 사라지고 그 자리엔 군번이나 수번이 붙겠죠. 죄수들이 죄를 짓고 교도소에 가면 자기 이름이 없어지고, 뭐로 불려요? 죄수번호로 불리잖습니까? 그러니까 집단으로 가면 여러분들도 대개 이름으로 불리지 않고 학번으로 불리고, 숫자로 불리면 내 얼굴이 사라지고 집단밖에 남지 않는 것입니다. 이름은 동일성을 지우고 차별성을 드러내는 세계이자 눈으로 보이지 않는 역사와 성격, 슬픔과 같은 감정까지도 담을 수 있는 세계인 겁니다. 그러니까 우리의 인생이라고 하는 것은 나를 빼앗아가려는 숫자와 나의 언어를 지키려고 하는 언어와 숫자의 싸움인 셈입니다. 슈펭글러가 말한 문명이 몰락하는 숫자가 판치는 세계란 바로 이런 것입니다.

우리는 어떤 사람의 용모나 직업을 꼼꼼히 셜록 홈즈처럼 따지지 않더라도 이름을 알면 그 사람 전체를 안 것 같은 느낌이 들죠. 신기하지 않아요? 루이스 캐럴의 『이상한 나라의 앨리스』에도 사람의 이름은 자기 생긴 모양을 뜻한다는 말이 나옵니다.

『거울 나라의 앨리스』 중에서

"그렇게 혼자 서서 떠들지 말고, 이름 하고 직업을 말해 봐."

험프티 덤프티가 처음으로 앨리스를 바라보며 말했다.

"제 이름은 앨리스예요. 하지만……."

"정말 멍청한 이름이구나! 근데 그게 무슨 뜻이지?"

『거울 나라의 앨리스』 삽화.

험프티 덤프티가 참지 못하고 끼어들었다.

"이름에 꼭 무슨 뜻이 있어야 하나요?"

앨리스가 이상하다는 듯 물었다.

"당연히 그래야지."

험프티 덤프티가 짧게 웃으며 말했다.

"내 이름은 내가 생긴 모양을 뜻하지. 이 늠름하게 잘 생긴 모습을 말이야. 너 같은 이름이라면, 아무 모양이어도 상관없겠지.

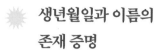

생년월일과 이름의 존재 증명

> 우리의 일생은
> 숫자와 이름에서 시작된다.
> 태어난 생년월일 그리고 성과 이름.

우리는 태어난 생년월일을 통해 존재를 증명하는 세계에 살고 있습니다. 그런데, 여기에는 꼭 따라붙는 게 있습니다. 바로 이름. 에리히 프롬은 그의 책 『소유냐 존재냐』에서 "우리는 모두 이름을 갖고 있다. 사람의 이름은 자기가 최종이며 불후의 존재라는 환상을 창조한다. 사람과 이름은 서로 대응된다. 이름은 그 사람이 하나의 과정이 아니라 지속적이고 파괴될 수 없는 실체라는 것을 나타낸다"라고 말하면서 이름이 한 개인의 존재 증명임을 밝힌 바 있습니다. 이름 중에서도 이미 태어나기 전에 결정된 것도 있습니다. 영어로는 라스트 네임Last Name, 우리는 '성姓'. 요즘엔 호적법이 좀 달라졌지만,

옛날에는 여자든 남자든 태어났을 때 벌써 배 속에서 이씨, 김씨, 박씨 이런 것이 결정되고, 또 한 가문의 서열과 세대를 나타내는 돌림자도 있어요. 그렇게 보면 여러분들의 진짜 이름은 한 글자밖에 없는 셈입니다. 그렇지요? 형제들 돌림자가 같을 경우에, 성 빼고, 돌림자 빼고, 나머지 글자 하나가 여러분들을 이 세상에 존재하게 하는 것입니다.

하지만 우리들은 이름 짓는 법에 대해서도 아주 서툽니다. 해방 직후 잃어버렸던 나라말과 글자를 찾았습니다. 그 감격 속에서 아이들이 처음 국어 교과서에서 배운 것은, "바둑아, 이리 와. 이리 오너라. 나하고 놀자"였습니다.

우리는 아주 평범한 이름인 바둑이와 함께 자랐습니다. '바둑아.' 이게 어디를 가든지 바둑이에요. 온 동네의 강아지 이름이 모두 '바둑이'라니, 좀 우습잖아요? 지금은 강아지 이름을 바둑이라고 짓는 사람이 없지요. 그런데 옛날에는 대부분 집 개 이름이 바둑이었습니다. 왜 그럴까요?

그 옛날 우리가 개 이름을 지을 때 창조적으로 머리를 쓰기보다는 개의 털색이 결정적인 역할을 했습니다.

"이 개는 검은데."

"그럼 '검둥이'로 하면 되지 물어볼 거 뭐 있어."

"그럼 넌 희니까 '흰둥이'고, 너는 털색이 누러니까 '누렁이'야, 알았지."

"어, 이 개는 털색이 검고 희네."

"그럼 바둑이야, 바둑이. 바둑판에 까만 돌, 흰 돌이 놓여 있는 거 같잖아."

검으면 검둥이! 희면 흰둥이! 누러면 누렁이!

소도 마찬가지입니다. 몸에 여러 색깔의 털이 섞여 그 색깔을 다 특징지을 수 없으니 얼룩소라며 노래했어요.

"엄마소도 얼룩소, 엄마 닮았네!"

그래도 이것은 나은 편이죠. 아예 이름 같은 것이 없는 개들도 있었습니다. 이런 개들은 짖는 소리를 따 '월이, 멍멍이'라고 불렀습니다. 그것은 이름이 아니지요. 돈 드는 일이 아닌데도 머리를 써서 개 이름을 지은 게 아니라 그냥 누구나 똑같이 지었어요. 그러니까 어느 동네 가서 '바둑아~' 하면 수십 마리가 나오지요. '누렁아~' 하면 또 수십 마리가 나오고. 그걸 이름이라고 할 수 있을까요? 이름 아니지요. 개성이 없어서 다른 것과 차별되고 구분되지 않는다면, 그걸 이름이라고 할 수 없습니다. 그리고 이런 이름이 없으면 존재할 수 없습니다.

남자_ 1식이 2식이 2식이
여자_ 1순이 2순이 3순이

사람의 이름도 마찬가지입니다. 그런데 우리나라 옛 이름들은 어땠나요? 아이 이름을 낳는 순서대로 쉽게 짓곤 했지

우리는 개 이름을 어떻게 지었나

털색이
누러면 누렁이
검으면 검둥이
희면 흰둥이
검고 흰 것은 바둑이
여러 색깔이 섞였으면
얼룩이라고 하면 된다.

그래도 이것은 낫다.
아예 이름 같은 것이 없는 개들은 '월이 월이'라고 불렀다.

이름이 없다는 것은 존재하지 않는다는 뜻이다.
창의성이 정말 없는가.
배고프고 가난하여 여유가 없어서인가.
아니다.
저녁에 제일 먼저 뜨는 별을 '개밥바라기'라고
이름 지은 민초들이 아닌가.

요. 예를 들어 첫째 남자아이는 그냥 일식이, 둘째 아들은 이식이. 그다음 셋째 아들은 삼식이! 넷째 아들 태어나면 이미 다 예상하듯이 사식이! 그러니까 이렇게 이름 짓는 것은 이름 짓는 게 아니라고 할 수 있어요. 이름이 아니고 그냥 쭉 나열한 것에 불과합니다. 개 이름을 털색을 보고 아무렇게나 붙인 것이나 마찬가지지요.

그렇다면 여자아이는 어땠을까요? 개성이나 차별화와는 거리가 멀었습니다. 식구처럼 기르는 개의 이름이 없듯 여자에게도 이름이 없었어요. 아명은 있었어도 정작 이름이 없었어요. 태어난 순서대로 일순이, 이순이, 삼순이라고 짓거나 '박씨 성을 가진 여자'면 '박성녀.' 김씨 성을 가졌으니 '김성녀'라고 이름을 지었어요. 이뿐만이 아닙니다. 자기가 태어난 해가 갑자년이면 '갑숙이' 또는 '갑자'로 짓기도 했어요. 십이 간지를 기준으로 기미년에 태어났으면 '기미'라는 식으로 이름을 짓기도 했어요.

김씨 성을 가진 여자가 몇 명이나 될까요? 너와 나를 구분해주는 개성이나 특징이 드러나지 않는 이런 이름을 이름이라고 할 수 있을까요? 우리네 조상들이 배고프고 가난했기 때문에 여유가 없어서 개 이름 하나도 제대로 짓지 못했다고 생각할 수도 있습니다. 그런데 정말 우리나라 사람들이 아무런 생각이 없었을까요? 개 이름 하나 제대로 지을 만큼 창조력이나 창의력이 없었을까요? 절대 그렇지 않았습니다.

초저녁 무렵 서쪽 하늘에 제일 먼저 뜨는 별을 뭐라고 불러요? 컴컴한 밤을 지나 새벽이 올 때 뜨는 별과 똑같은데 바로 샛별, 금성이라고 합니다. 금성은 지구에서 볼 때 태양, 달 다음으로 가까우니 별로써는 가장 밝게 보여요. 가장 먼저 나타나고, 가장 밝게 빛나니 참으로 신성하고 중요하게 여겼어요. 영어에서도 금성의 이름이 제일 많은데 일찍 뜬다고 'Day Star(낮의 별)'이라고 불러요. 그리스 로마 신화에 나오는 미美의 여신의 이름을 따서 '비너스Venus'라고도 부르지요. 우리 조상들은 초저녁의 서쪽 하늘에 떴을 때는 '개밥바라기', '태백성', 새벽에 동쪽 하늘에 보일 때는 '샛별', '계명성'이라고 불렀습니다.

다른 이름은 다 알겠는데, '개밥바라기'라니? 이게 무슨 뜻일까요? 풀어보면 '개가 밥을 바란다'는 뜻입니다. 요즘에는 개밥인 사료를 슈퍼마켓에서 사지만 옛날에는 그런 사료가 없었어요. 가난한 사람들은 저녁을 다 먹은 다음 남은 음식을 개에게 줘요. 그러니 개가 어느 때 밥을 먹느냐 하면 반드시 사람들이 먹고 난 후입니다. 그런데 무심하게도 사람들이 밥을 다 먹었는데도 개에게 밥을 안 주는 것입니다. 개 입장에서는 정말 야속하죠. 개의 주인 또한 마음이 편치 않아요. 주고 싶어도 밥이 없으니 말입니다. 바로 그즈음에 뜨는 별이 샛별, 금성입니다. 개에 대해 관찰을 안 하고, 개의 마음을 몰랐으면 '개밥바라기'라는 별 이름을 지을 수 없는 것이지요.

항상 개와 함께 살았기 때문에 제일 먼저 뜨는 샛별을 보고 상상한 것입니다.

"나 밥 안 주나, 왜 밥 안 줘?"

별을 바라보면서 '개가 밥을 바라는 것과 같구나'라고 여긴 것이지요. 그래서 초저녁 서쪽 하늘에 제일 먼저 뜨는 샛별을 '개밥바라기'라고 이름 지었던 것입니다. 유머러스하면서도 얼마나 따뜻합니까? 외국어 사전이나 문헌 등을 살펴봐도 별에 '개밥바라기'라는 정감 어린 이름을 붙인 나라는 우리나라밖에 없어요. 그런데 우리 조상은 개 이름이나 사람 이름을 왜 그렇게도 단순하게 보이는 대로 지었을까? 그것은 아직 개인이 등장하지 않았기 때문입니다. 차이나 개성이 가장 중요한 근대적 개인이 아니라 농촌 공동체, 더불어 함께 사는 것, 너와 나를 나누지 않았기 때문에 근대인의 관점에서 보면 서투르게 보였을 뿐이지요. 본래 가축은 이름이 없습니다. 돼지에게 이름 붙이는 것, 본 적 있나요? 강아지 이름이 다양하게 변한 것은 강아지가 가축이 아니라 펫, 가족의 일원으로 받아들여졌기 때문입니다.

앞에서 처음 숫자를 헤아린 것은 양이라고 했습니다. 재산이니까, 한 마리라도 잃어버리면 안 되니까 수를 헤아린 것이지요. 의미를 가진 존재가 되는 순간 우리는 잃어버린 한 마리 양을 찾으러 갑니다. 그런데 양이 아니고 쥐를 생각해보세요. 쥐를 세어보는 거예요. 쥐에게는 이름이 없지요. 그런데 거기에 미키마우스라고 이름을 짓는 순간 숫자에서 이름으로 바뀝니다.

그래서 우리가 앞에서 이야기한 것 같은 한국 사람 이름은 한국의 문화를 보여주는 거죠. 그러니 더 이상 '김성녀, 박성녀'나 '일식이, 이식이, 삼순이' 이런 이름을 지으면 안 되는 겁니다. 지금이 어떤 세상입니까? 획일적으로 묶어두는 것이 아니라 각자의 개성과 다양성을 최대한 존중하는 시대입니다. 왜? 하루에도 수많은 상상과 창조의 세계가 펼쳐지는 세상이니까요. 이전에는 주목받지 못하던 것들이 지금은 소중한 가치로 재탄생하는 시대잖아요. 꿈으로만 여겼던 불확실성이 가능성을 넘어 현실로 다가오는 세상이잖아요. 5,000만이 살아가는 사회라면 5,000만이 사는 그 현실은 각자의 개성을 소중하게 여겨야 한다는 것이지요.

잃어버린 한 마리 양

요한복음 10장 3-4절. "문지기는 목자들을 위해 문을 열어주고 양들은 목자의 음성을 알아듣는다. 목자는 자기 양들의 이름을 하나하나 부르며 밖으로 데리고 나간다. 자기 양들을 다 불러낸 다음에 목자가 앞서 가면 양들은 목자의 음성을 알고 뒤따라간다."

✳ 셀 수 없는 것과
있는 것이 섞인 이름

아직도 과거의 문화대로 이름을 짓는 사람이 있는 것 같습니다. 중부고속도로를 가다 보면 경기도 '이천' 지역을 지나치게 돼요. 예로부터 도예지로 유명한 곳입니다. 그런데 그 지역의 터널을 지날 때 이름을 보면 그 옛날 아이 이름 짓는 거랑 똑같은 것을 발견하게 돼요. 제1터널, 제2터널, 제3터널! 이렇게 이름을 지었으니 만약에 네 번째 굴을 뚫었으면 당연히 제4터널이 되겠지요.

일식이 = 일순이 = 제1터널

이식이 = 이순이 = 제2터널

삼식이 = 삼순이 = 제3터널

물론 이런 등식은 비약일 수 있습니다. 하지만 샛별의 이름인 '개밥바라기'를 생각하면 뭔가 상당히 아쉽습니다. 이제는 더 이상 너와 나를 구분하지 않는 공동체의 문화가 아니거든요. 아마 이 터널의 이름은 그런 이름 짓기의 문화적 맥락과도 상관없을 겁니다. 1장의 근대의 세계, 숫자의 세계에서 왔을 겁니다. 관리와 통제를 위한 이름 붙이기 말이죠. 한강의 다리 이름들을 개발 시대에 제1한강교, 제2한강교로 이름 붙였던 것처럼요. 여기에 앞에서 이야기한 이름과 숫자의 세계가 결합되도록 할 수 없을까요?

고려 시대, 우리 조상이 창조적으로 만들어낸 상감청자의 아름다움은 가히 세계적입니다. 우리만의 독특하고도 우수한 상감기법은 우리 문화의 자랑이자 세계문화 유산입니다. 그러니 제1터널은 도자기 역사에서 시대가 가장 빠른 청자를 따서 '제1터널 청자'라고 지으면 어떨까요? 숫자와 이름이 함께 있죠? 여기엔 고려 시대라는 시대적 배경이 숨겨져 있고, 우리나라의 도자기가 등장한 순서로 보면 첫 번째니까 1이라는 숫자의 세계도 담겨 있습니다. 또한 현재 이천이라는 지역이 도자기로 유명한 도시라는 지역적 의미까지 담고 있습니다.

두 번째는 뭐라고 지으면 좋을까요? 그다음 시기에 등장한 것이 분청사기니까 '제2터널 분청'이라고 하면 되겠죠? 상감청자 장식기법의 전통을 계승하여 회청색의 태토胎土 위에 백토를 상감하거나 분장粉粧한 조선 전기의 분청사기지요. 그렇다면, 마지막은 당연히 백자겠지요. '제3터널 백자' 이름만

옛날 아이들 이름을 낳는 순서대로 일식이 이식이 삼식이
여자 같으면 일순이 이순이 삼순이
그래 TV 극에서도
그 이름 삼순이 때문에 고민하는 것을 보았지.

그런데 중부 고속도로를 보면 이천 지역의 터널 이름도
중부 1터널, 중부 2터널, 중부 3터널로 되어 있다.
아마 터널이 더 하나 있었더라면 4터널이 되었을 것이다.

그 고속도로가 지나는 곳은
도자기 비엔날레가 열리는 고장이다.
1터널을 청자
2터널을 분청
3터널을 백자
터널이라고 명명했다면 순간 터널 이름이
이 지역 명소의 브랜드로 가치를 낳을 것이다.

삼척의 황영조 터널

으로도 우리는 우리의 역사와 우리의 문화적 자랑거리와 1, 2, 3이라는 숫자의 세계를 함께 드러낼 수 있습니다. 사소하게 여길 수 있지만 이런 이름을 붙인다면, 이천 지역을 지나는 관광객도 그렇고 아이들과의 대화가 달라질 수 있습니다.

"엄마~, 저게 뭐야?"

"어~ 제1터널 청자야. 고려 시대 청자 알지? 여기가 이천인데 도자기로 유명한 곳이야. 매년 여기에서 도자기 비엔날레가 열려."

이렇게 되면 우리가 세계에 '우리나라는 도자기의 나라'라고 큰소리치는 게 전혀 어색하지 않다는 것입니다. 서양도 도

자기에 관한 한 후진국이었기 때문에 도자기를 영어로 뭐라 그랬어요? '차이나'라고 그랬습니다. 그런데 중국 도자기보 다도 한국 도자기를 더 높게 평가하는 것은 중국은 상감이라 는 독특한 기법을 할 줄 몰랐기 때문입니다. 서양이나 우리나 라나 청자를 똑같이 중국에서 들여오기는 마찬가지였지만, 우리는 그냥 들여오고 모방한 것이 아니라 '상감'이라는 세상 에 없는 기법을 만들었던 것이지요. 평범한 터널 이름 하나에 눈에 보이는 것, 보이지 않는 것, 셀 수 있는 것, 셀 수 없는 것 을 함께 담는 겁니다. 이것이 바로 '8020 이어령 명강'에서 뿌리고 싶은 창조의 씨앗입니다.

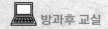

인간은 3개의 시간을 가지고 태어난다

우리 몸에는 3개의 시계를 가지고 있다. 먼저, 가족이라는 개인의 시계가 있다. 태어나고 결혼하고 아이를 낳고, 그리고 죽어가는 이 객체의 시계를 가지고 태어난다. 동시에 최초의 식물, 동물, 인간들이 함께 겪는 춘하추동이라는 시간의 리듬을 타고 가는 자연의 거대한 시계가 있다. 이 시계는 하늘의 별, 바람, 피고 지는 꽃을 통해 볼 수 있는 거대한 우주의 시계다. 그런가 하면 호적에 오르면서 우리에게 주어지는 서기 몇 년 몇 월 며칠이라는 역사의 시계도 가지고 있다.

우리가 쓰고 있는 달력이나 시계는 일종의 사회적 약속이지 자연의 시계가 아니다. 그래서 거기에는 인간의 역사가 새겨져 있다. 실제로 서양 달력의 8월과 7월을 나타내는 어거스트August나 줄라이July 등은 줄리어스 시저나 아우구스투스의 생일 또는 승전기념일을 기념해 한때 달력의 시작이기도 했던 달들이다. 이런 것을 보면 인간은 3개의 시간 가운데 어느 하나의 시계만 읽어서는 안 된다. 그래서 한국인 이야기도 통합적으로 3개의 시간을 연결시켜서 보아야 한다. 한국인 이야기나 로마인 이야기를 다른 각도에서 써보고자 하는 핵심에는 3개의 시계를 움직이는 생명이라는 것이 있다. 그 생명은 내가 겪어온 개인의 역사적 체험, 가족의 체험 그리고 자연의 체험 이런 것이 통합된 것이다. 바로 거기에 한국인 이야기가 있다.

셋째 허들

숫자와 이름이 혼용하는 세계

"인간은 양이 아니라 질의 세계까지도 숫자로 나타내려 한다. 이젠 인간의
기능까지도 'IQ'라는 숫자로 측정해내고 있다. 통계나 퍼센티지로 저울질하
는 인간의 마음은 고깃간의 그 쇠고기처럼, 저울대 위에 오르고 있는 것이
다." 이런 세계에서 벗어나려는 이들이 있다. 시인, 예술가들. 그들이 만든 세
계, 숫자와 이름이 혼용하는 세계로 들어가보자. 그곳은 혼돈의 공간이지만
그와 동시에 창조의 공간이다. 그래서 이 세계에서 68, 386, 300 같은 숫자
는 이름으로 다시 태어난다.

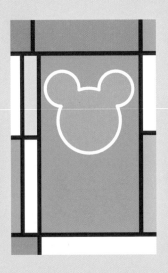

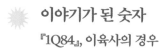

이야기가 된 숫자
『1Q84』, 이육사의 경우

우리는 앞에서 이름과 숫자의 세계에 대해 살펴보았습니다. 그런데 이렇게 차가운 숫자에 상상력을 불어넣어 춤추게 하고 영혼의 숨결로 그들을 날게 한 시인들, 그리고 지식인들이 있습니다. 그들은 이름과 숫자가 합쳐지는 아름다운 세계를 창조해냅니다. 처음에 이야기한 것처럼 원래 이 두 세계는 하나의 세계였습니다. 성경에서도 "하나님이 낮과 밤을 만드셨다"고 했죠. 애초에 혼돈만 있던 우주에 조물주가 낮과 밤을 만듭니다. 그러면 낮하고 밤이, 낮이었다가 확 밤이 되나요? 아니지요. 낮이 밤이 되려면 상당한 저녁을 지나야 되는 것이고, 밤이 낮이 되려면 상당한 새벽을 지나야 하는 것입니다. 이건 숫자, 디지털의 세계도 아니고, 어슴푸레하기만 한 언어의 세계, 아날로그의 세계도 아닙니다. 이 두 가지가 중간 영역을 포함한 채 존재하는 겁니다. 원래 하나였기 때문에 언어의 세계, 숫자의 세계는 틈만 나면 서로 합쳐지려고 합니다.

　소설가나 문학가들은 이름의 세계와 숫자의 세계를 통합하려고 가장 애쓴 사람들입니다. 이들은 문학 작품을 통해 가장 적극적으로 이 일을 해왔습니다. 가장 최근 책부터 살펴볼까요?

　자, 무라카미 하루키 책은 우리나라에서도 베스트셀러인데, 최근 책 제목이 『1Q84』입니다. 이걸 어떻게 읽어야 할까요? 아이큐팔십사? 일큐팔사? 이 제목을 보니 퍼뜩 떠오르는 작품이 있죠. 바로 조지 오웰의 『1984』말이에요. 그럼 원래는 9인데, 왜 대신 Q를 넣었을까요? 9를 일본말로 읽으면 음이 '고〈'가 되는데, 괴로울 '고苦'와 소리가 같아요. 그래서 당연히 일본인은 '9'자를 기피하지요. 그래서 영어로 '나인' 즉, 9 지만 음이 비슷한 '큐', 이것은 영어의 Q와 같으니 이렇게 넣은 것입니다. 중국에서도 무라카미 하루키는 제법 팔리는 작

조지 오웰 George Orwell
영국 소설가. 본명은 에릭 아서 블레어로, 가장 영국적인 이름인 '조지'와 강 이름인 '오웰'을 붙여 필명으로 썼다. 러시아 혁명과 스탈린의 배신을 다룬 정치우화 『동물농장Animal Farm』으로 주목받는 작가가 되었으며, 현대 사회의 전체주의적 경향이 도달하게 될 종말을 기묘하게 묘사한 공포의 미래소설 『1984년Nineteen Eighty Four』을 결핵으로 입원 중에 완성했다. 현대 사회의 바닥에 깔려 있는 악몽과 같은 전제주의의 풍토를 조지 오웰 특유의 유머와 비유로 표현하였다.

가인데, 이 책을 보고 그들은 "아이큐 아니야? 그러니까, 아이큐 84, 바보네. 그럼 이건 아큐구나!" 하죠. 중국인들은 '큐' 하면 가장 먼저 떠오르는 게 노신魯迅의 『아Q정전』입니다. 여기 이 아큐가 바보잖아요. 동양문화권과 서양문화권의 대표적 작가들의 작품이 동시에 겹쳐 떠오르게 하는 이런 장난은 조지 오웰부터 한 것입니다.

> 1Q84 – '아이큐팔십사', 1Q를 아이큐!
> 1Q84 – 일본말로 '이치큐하치욘'

조지 오웰은 소설 『1984』를 1948년에 썼습니다. 1948년을 1984년으로 뒤집어놓은 것입니다. 문명의 종말과 인간의 위기를 숫자의 파괴, 뒤바뀜을 통해 단적으로 보여준 것입니다. 숫자는 국가 장벽이 없습니다. 그런데 이것을 무라카미 하루키라는 동양인은 작가의 모국어와 동양적 문화를 바탕으로 다시 한 번 꺾어놓은 것입니다. 숫자를 언어의 세계로 가져오려는 노력은 어쩌면 정신이라고 할 수 있는 '언어'의 세계가 무너지고 있다는 위기감에서 시작되었을지 모릅니다. 앞에서도 말한 것처럼 슈펭글러는 언어의 세계, 즉 인간의 정신이 쇠퇴하는 징후가 숫자가 판치는 세상이라고 했습니다. 근대 이후 지금까지 모든 것이 숫자화되어갑니다.

하나님이 첫째 날, 둘째 날, 셋째 날, 시간은 흘러가는데 일

조지 오웰 『1984』

CHI-KEW-HACHI-YON

일본인들은 9의 숫자를 기피한다
일어의 9는 고쿠와 소리가 같다.

노신魯迅 『아Q정전

무라카미 하루키 『1Q84』

곱 날을 딱 정해놓았어요. 숫자 7이잖아요. 하지만 이름은 하나님이 짓지 않았어요. 아담에게 이름을 지으라고 했잖아요. 이름을 짓는 것은 인간의 창조고, 시간의 흐름에 대한 것은 하나님의 영역이니까, 생년월일은 하나님이 주신 것이지만, 내 이름은 인간이 지은 것이지요. 그러니까 숫자가 이름을 잡아먹고. 이름이 숫자를 잡아먹고, 싸움이 벌어집니다. 세속과 성과. 숫자를 언어화하고 언어를 숫자화하는 싸움이 계속됐 는데 현대에 오니까 숫자가 언어화하는 것이 언어가 숫자화 하는 것보다 더 우세해졌죠.

그런데 문학가들은 작품의 제목을 통해, 혹은 내용을 통해 숫자를 언어의 세계, 이름의 세계로 데려옵니다. 그래서 우리 가 수에 대해서 안다는 것은 단순히 수학을 안다는 것이 아 닙니다. 일상생활 깊숙이 파고들어와 언어의 세계와 뒤섞인 숫자의 의미를 알아야 창조라든지 문학적 상상력을 이야기 할 수 있는 겁니다. 『1984』에 3부 마지막에서 주인공 윈스턴 스미스는 '101호실'의 혹독한 고문 속에서 연인 줄리아를 배 반합니다. 이 101호실이 우연히도 실리콘 밸리를 지나가는 슈퍼하이웨이의 번호 101과 같은 것은 이 두 101이 모두 과 학기술 문명의 건조함을 보여주는 것이라는 점을 이해할 수 있어야 합니다.

문학가들은 문학적 은유로만 숫자를 쓰지 않습니다. 쥐에 미키마우스라는 고유명사를 붙이는 것과 비슷한 일을 합니 다. 고유명사를 붙여 징그럽고 인간에게 해를 끼치는 마우스, 쥐가 10억 명의 아이들이 좋아하는 사랑스러운 캐릭터가 되 고, 더 나아가 소외되었던 가톨릭 이민자들이 미국사회에서 가진 강한 힘을 상징하게 되는 것이지요. 이런 것이 바로 창 조입니다. 손가락으로 세는 세계에 새롭게 이름을 붙이는 게

백말을 탄 초인을 기다리던
광야의 시인 이활李活

자신의 囚人 번호 264 숫자를
한자어로 바꿔

일본 제국주의 침탈에 대한
저항의지를 더욱 굳건히
했다.

미키마우스의 세계만은 아닙니다. 우리나라 일제 강점기의
저항시인 이육사는 자기 자신에게 부여된 숫자를 이름화함
으로써 적극적인 공세를 펼치기도 했습니다.

광야의 시인 이육사의 본명은 이활李活이었어요. 이활은 독
립운동을 하다가 1927년 은행 폭파사건에 연루되었는데, 대
구 형무소에 들어가 받은 수인번호가 264번이었습니다. 암울
한 역사가 숫자로 '이활'이라는 존재 자체를 파괴하려고 한
겁니다. 264번, 의지와 신념 없이 그저 세상에 순응하며 살아
가는 보통 사람 같았으면 속으로 이름을 잃어버렸다고 생각
했을 텐데, "나는 이제 264야" 그랬을 텐데, 이 초인을 기다리

는 시인은 그러지 않았습니다. 민족의 독립을 염원하며 스스로 작은 촛불이 되고자 했던 그는 차디찬 감옥에서 264번의 죄수복을 받아 입었을 때 그 숫자를 철저하게 컨버전Conversion, 즉 새롭게 승화시켰어요. "264? 좋다. 너희들 264번이라 불러라. 내 이름은 이제부터 이육사다. 이육사李陸史." 처음엔 숫자 그대로를 썼습니다. 딱 한 번, 시를 발표하면서 신문 지면에 숫자 이름을 썼습니다.

하지만 그 이름에 제국주의 식민지의 역사가 참혹하다 하여 '죽이다, 벌하다'라는 뜻을 가진 '륙戮'을 썼습니다. 하지만 이름에 이런 글자를 쓰는 것보다 다른 의미를 두는 게 좋겠다는 조언을 듣고, '너희들이 아무리 이 죄수복의 숫자로 나를 얽매어도 나는 땅이야. 나는 땅의 역사야. 그래서 이육사李陸史야. 너희들이 한반도를 다 빼앗아가? 어림도 없다. 나는 대륙의 역사를 쓰는 사람이다. 광야의 시인이다.' 그렇게 한 것입니다. 264라는 숫자에서 자기의 성인 '이李' 자도 찾았습니다. 이육사는 이 멋없는 숫자를 이름의 세계, 언어의 세계로 가져와 다시 자신이라는 존재의 개별성과 고유성을 되찾은 것입니다.

죄수가 된다는 것은 개인으로서의 가치를 잃어버리는 것입니다. 숫자화가 바로 그 상징입니다. 어떤 죄를 지었는지, 그가 어떤 이유로 그런 일을 저질렀는지는 고려하지 않습니다. 그들은 사법적 질서를 어긴 그저 '죄인'인 겁니다. 머리를 깎이고 파란 죄수복을 입는 순간 개인의 인격이나 개별성은 사라지고 '죄인'으로 모든 것이 획일화되고 맙니다. 그래서 감옥 밖에서는 이름으로 불리던 이들도 감옥 안에서는 숫자로 불리는 거죠. 이것은 죄수만이 아니라 군인도 마찬가지입니다. 그들은 '군인'이라는 보통명사로서의 존재만 남아 자기 식별번호로 군번을 얻게 됩니다. 이런 번호들은 관리의 대상이라는 표시도 됩니다. 군인이란 전쟁에 필요한 총이나 대포처럼 관리되는 대상인 거죠. 그가 남보다 뛰어난 군인인지, 심성이 고운 군인인지는 중요하지 않습니다. 숫자는 중립적 가치이고, 어떤 주관적 해석도 받아들이지 않기 때문입니다.

✳ 숫자와 이름의 혼용
이상의 경우

이미 숫자는 단순히 계산을 위한 수가 아니라 어떤 의미를 담은 언어적 역할을 하고 있으며 그 이상의 메시지를 전달하고 있다. 우리는 숫자가 지배하는 시장 속에서 살고 있기 때문에 자연히 언어의 세계를 숫자의 세계로 표현해야 편안해진다. 시인 이상의 천재성은 숫자가 주도하는 20세기의 본질을 선구적으로 꿰뚫어본 데 있다.

숫자를 문학의 소재로 자유자재로 가지고 놀며 숫자의 세계와 언어의 세계를 뒤섞으며 새로운 의미를 만들어낸 사람이 또 있습니다. 이육사와 동시대를 살았던 '모던 보이' 이상

李箱입니다. 그는 정말 이름처럼 이상한 행동을 많이 했죠. 우선 본명이 김해경金海卿인데, 성까지 아예 바꿔 필명을 지었습니다. 우리는 그를 그가 쓴 단편 소설『날개』의 한 구절을 따서 '박제가 되어버린 천재'라고 부릅니다.

천재인데 박제가 되어버렸으니 현실에서 살아갈 수가 없는 그런 천재였던 것이지요. 과연 어떤 현실을 의미할까요? 이상은 경성고등공업학교 건축과를 수석으로 졸업한 과학도입니다. 제대로 얼굴도 씻지 않고, 손도 안 씻고 막 돌아다닌 그야말로 스스로 박제가 된 천재였어요. 어느 정도냐면 지인이 이상에게 여자를 소개해줘서 만난 적이 있었어요. 이상은 수줍어서 고개를 못 들고 커피에 넣으라고 담아놓은 각설탕만 조물조물 만졌는데, 그만 하얀 각설탕이 새까매져서 흑설탕이 되었다고 합니다. 그 정도로 씻는 것도 잊고 사는 무엇 하나 할 줄 아는 것이 없었던 박제된 천재였던 것이지요. 「오감도烏瞰圖」의 「시 제1호」에서 그는 "13인의 아해兒孩가 도로를 질주하오"라고 썼습니다.

13인의아해가질주하오

13인의아해가도로로 질주하오.
(길은막다른골목이적당하오.)

제1의아해가무섭다고그리오.

제2의아해도무섭다고그리오.

제3의아해도무섭다고그리오.

제4의아해도무섭다고그리오.

제5의아해도무섭다고그리오.

제6의아해도무섭다고그리오.

제7의아해도무섭다고그리오.

제8의아해도무섭다고그리오.

제9의아해도무섭다고그리오.

제10의아해도무섭다고그리오.

제11의하해도무섭다고그리오.

제12의하해도무섭다고그리오.

제13의하해도무섭다고그리오.

13인의아해는무서운아해와무서워하는아해와그렇게뿐이모

였소.

(다른사정은없는것이차라리나았소.)

그중에1인의아해가무서운아해라도좋소.

그중에2인의아해가무서운아해라도좋소.

그중에3인의아해가무서워하는아해라도좋소.

그러자 난리가 났지요. 시에 나오지 않는 숫자가 등장했는데, 그것도 13이라는 거지요. 사람들이 '이 13인의 아이가 뭐냐?'고 이런저런 분석을 해댄 겁니다. 어떤 사람은 한국이 13도니까 충청남도, 경상남도, 전라남도 등 13도에서 대표로 나온 아이들이 다 뛰는 거 아니냐. 우리 국토에 대한 사랑과 화합에 대한 은유가 아니냐, 그러면 다른 한편에서는 아니다, 13일의 금요일도 불길한 날이라고 하지 않느냐? 하면서 13은 무의식 속에 숨어 있는 공포를 은유한 것이다, 그 공포가 출몰하려고 한다는 불안한 심리를 나타낸 것이다, 이 불안과 공포가 무엇이겠느냐? 식민지 백성으로서의 공포와 불안이 아니겠는가, 이런 말도 나오고요.

그러면 13이란 숫자의 의미는 무엇이었을까요? 일본 제국주의에 무참히 나라를 빼앗긴 후 제1에서 제13까지의 우리 아이들을 매스게임을 하듯 순서대로 줄지어 놓은 형상을 그린 것입니다. 그의 「시 제1호」의 도형은 우리 아이들이 매일 아침 교정에 도열하여 일본 천황이 있는 동경을 향해서 '황국 신민의 선서'를 외치던 것 모양 그대로입니다. 13이란 숫자가 조선의 13도를 가리킨 것인지, 최후 만찬의 예수와 제자가 모인 서양의 13명인지는 몰라요. 분명한 것은 그 질주하는 집단이 무서워하는 아이와 무서운 아이의 혼합체라는 것입니다.

일본인들이 한국 아이들에게 내지인 즉, 일본과 조선인은 하나라는 뜻의 내선일체內鮮一體를 매일 아침 외치게 했습니다. 그런데 정말 그들과 우리가 한 몸뚱이一體라면 조선인들이 왜 자신들이 황국신민임을 매일 아침 맹세해야만 하는 것일까요? 이건 아버지가 자기 친자식에게 매일 아침밥 먹기 전에 "나는 아버지의 아들입니다"를 외치게 하는 것과 다를 바 없는 이상한 풍경인 거죠. 자기들은 내內를 차지하고 한국인을 비하할 때 부르는 '센징鮮人'의 선鮮을 따 둘은 같다고 외치는 구호 자체가 모순을 품고 있다는 것입니다.

또 특이한 것은 「오감도」의 「시 제4호」입니다. 이 시는 숫자 1, 2, 3, 4, 5, 6, 7, 8, 9, 0을 좌우를 바꿔 차례대로 썼는데, 맨 끝에 점을 하나 추가한 후 이 점의 위치를 다음 줄에서 계속 한 자리씩 옮겨놓았습니다. 그런데, 자세히 보세요. 오른쪽 맨 끝은 0만, 왼쪽 맨 끝줄엔 1만 있습니다. 마치 서로 대칭을 이루는 것처럼. 떠오르는 것 없어요? 바로 디지털, 컴퓨터의 언어입니다. 벌써 그 시대에 이진법의 디지털을 쓴 것이지요. 그리고 동그란 모양의 0과 삐쩍 마른 작대기 1은 꼭 뚱보와 말라깽이를 형상화한 것 같지 않습니까? 뚱뚱한 사람 / 마른 사람, 남자 / 여자, 이 세상은 모두 0대 1로 되어 있다는 거죠. 이걸 이항대립이라고 하는데, 숫자처럼 명확하게 나타내는 게 없습니다. 0대 1, One / Zero, Yes / No, 숫자를 뒤집었다? 숫자를 뒤집으니 거기서 아름다운 인간의 삶과 시가 나옵니다. 그래서 이 시의 제목은 「시 제4호」입니다.

이상은 또 다른 시 「선에 관한 각서」에서도 숫자 4를 썼습

詩第四號[1]

患者의 容態에 關한 問題.

1234567890·
123456789·0
12345678·90
1234567·890
123456·7890
12345·67890
1234·567890
123·4567890
12·34567890
1·234567890
·1234567890

診斷 0:1-

26. 10. 1931

以上 責任醫師 李 箱

「오감도」의
「시 제4호」

線에 關한 覺書 6

數字의 方位學[11]

4
4
4

數字의 力學

時間性(通俗思考에 依한 歷史性)

速度와 座標와 速度

4+7

시
「선에 관한 각서」

니다. 이 4자는 지도에서 흔히 볼 수 있는데, 사방을 나타내는 기호죠. 숫자이자 기호인 거예요. '숫자의 방위학'이라는 말 옆에 4자가 사방을 돌며 그려져 있지 않습니까? 북쪽을 가리키는 것과 남쪽, 서쪽 그리고 동쪽을 가리키는 방위로 보이지요. 그러니까 여기서 4자는 하나, 둘, 셋, 넷이라는 의미가 아니라 직각삼각형의 모양과 비슷하게 생긴 4자의 형태를 본 것입니다. 이런 것들이 우리들의 머리를 유연하게 합니다. 하나, 둘, 셋, 넷이 아니라 모양이 보면 뾰족한 머리가 북쪽을 가리키는 사방위 기호와 비슷하지요. 이렇게 형태를 가지고 시를 쓴 사람이 또 있어요. 프랑스 소설가 쥘 르나르Jules Renard, 『홍당무』로 유명한 그 소설가가 『자연의 이야기들Histoires naturelles』에 쓴 시 「개미와 새끼 자고새」에서 "개미는 숫자 3을 닮았다. / 여기도 3! 저기도 3! / 333333333333…… 이 끝도 없다"고 했죠. 숫자가 이야기로, 언어의 세계로 넘어오는 겁니다.

고유명사가 된 숫자
68혁명, 386세대

숫자가 아니라 역사의 유전자를 갖게 된다

68

이 숫자만 보아도 사람들은

1968

세계를 휩쓴 학생운동의

뜨거운 물결을 연상한다

1968년 5월 프랑스 사회의 혁명적 변화를 가져왔던 학생혁명이다. 권위주의적인 기성 체제에 대한 반발로 시작하여, 여성해방, 자율의 확대, 창조와 다양한 가치관의 존중 등 사회 문화 전반에 걸쳐 큰 변화를 이끌어냈다.

이 세상 역사 속에서 개인만이 그런 것이 아니라 역사도 스토리텔링을 통해서 아무 뜻 없는 숫자를 보면 가슴이 뜨거

워지기도 하고, 눈물이 나오기도 하는 숫자가 있습니다. 숫자란 건 셈을 하는 아주 무표정한 글자인데, 우리는 역사 속의한 이야기가 된 숫자를 볼 수 있습니다. 이런 숫자는 그저 숫자가 아닙니다. '68' 하면, 무엇이 떠오르나요? 지금 세대에게는 생소한 숫자일지 모르겠지만, 우리 세대는 단박에 1968년 세계를 휩쓴 학생운동을 떠올립니다. 1968년은 프랑스에서 총파업 투쟁이 일어났고, 미국에서는 신좌파의 등장과 페미니즘 운동이 일어났던 해입니다. 남미에서는 1967년 체 게바라 사망 이후 사회주의 운동 등 세계를 휩쓴 학생운동이 불같이 일어났어요. 바로 '68혁명'을 떠올려요. 혁명 후에 나도 파리에 방문했는데 68혁명 즉 프랑스 5월 혁명은 실로 대단했어요.

2차 세계대전 이후 미국과 유럽은 급속한 경제성장이 이뤄지고 중산층이 새롭게 대두되면서 교육의 기회가 확대됐어요. 1967년 대학생 수를 보면 미국은 약 600만 명, 서유럽은 약 250만 명에 이르렀으니까. 이렇게 경제가 빠르게 성장하면서 교육의 확대로 사람들의 인식이 바뀌었음에도 정치, 사회구조는 그러지 못했어요. 여전히 권위주의와 낙후성이 드러나자 학생들이 분노하기 시작했지요.

젊은이들에 대한 엄격한 규율과 답답한 권위적 분위기, 서구사회의 타락, 소비사회의 비인간화, 대중매체의 조작, 부패한 정부 관리 등에 저항하고 이를 비판했습니다. 그런 상황에서 1968년 3월 22일 학생운동가가 경찰에 체포되자 파리대학 낭테르 분교에서 항의 투쟁이 일어났어요. 5월에 이르자 1,000여만 학생들과 노동자가 참여하는 총파업으로 번집니다. 특히 학생들은 과격한 구호를 앞세우며 구시대적인 답답한 교육체계나 사회문화를 뒤바꿀 것을 요구했습니다.

"선생님들에게 존칭 쓰지 말자. 가르치는 사람이지만 평등한 사람인데 무조건 높은 데서 가르쳐야 하나? 내려와라. 옷도 권위적으로 입지 말고 일상복으로 입고 와라."

그러자 파리는 물론 베를린, 로마, 프라하, 런던에서 대대적인 학생 시위가 벌어졌고 미국, 뉴델리, 자카르타, 동경까지 퍼져 나갔어요. 물론 프랑스 드골 정부는 군사력을 동원해 학생들과 노동자에 대항하고 의회를 해산하고 총선을 실시했고요. 이 선거에서 여당은 의석의 3분의 2 이상을 차지하여 대승리를 거뒀습니다. 하지만 68혁명의 영향으로 체제가 흔들려 1969년 국민투표에서 패배하고 드골은 물러나고 말아요. 이렇게 1968년도에 학생들이 사회개혁을 위한 과격한 운동을 일으켰기에 사람들의 뇌리에 68이라는 숫자는 새로운 개혁의 역사를 가리키는 고유명사로 각인된 것이지요. 68혁명은 비록 현실에서는 좌절되었지만 사회적으로 엄청난 영향을 미쳤어요. 사회에 새로운 가치, 새로운 고민, 새로운 사고방식, 새로운 삶의 방식을 부여했어요. 사회 전반에 수직적인 소통이 무너지고 민주적이고 수평적인 대화에 근거한 새로운 소통문화가 자리 잡게 되었지요.

우리나라에도 그런 말이 있습니다. '386세대'라는 말. 원래 386이라는 숫자는 컴퓨터의 반도체 업체인 인텔에 붙여지는 마이크로프로세서의 이름입니다. 인텔에서 개인용 컴퓨터 마이크로프로세서를 개발해 형식번호를 붙였는데 개인용 컴퓨터의 이름으로 굳혀졌지요. 처음엔 80286에서 80386, 80486이 되었다가 마지막에는 숫자가 없어지고 펜티엄 Pentium이라 불렀습니다. 앞의 80을 떼고 286, 386, 486의 컴퓨터 제품명처럼 부르게 된 겁니다. 386이 나왔던 시기는 1990년대 말 무렵으로 퍼스널 컴퓨터 시대가 개막된 이래 가장 성능이 좋은 최신형 컴퓨터였습니다. 당시 30대, 1980년대에 대학에 입학한 8○학번, 그리고 대개 출생 연도가 1960년대인 세대라 해서 각 숫자를 따서 386세대라는 명칭을 만들었습니다.

최신형 개인용 컴퓨터를 쓰는 자신의 세대를 구닥다리 전세대와 구분하며, 자신들이 학생운동과 민주화 투쟁에 앞장서, 우리나라 민주화의 주역이라는 자부심을 담아 스스로를 일컫는 말로 썼던 겁니다. 그런데 공연히 무시당하던 전 세대들이 가만히 있겠습니까? 386? 3, 3·1절도 모르고, 8, 8·15도 모르고, 6, 6·25도 모르는 세대? 386과 은근히 대립하는 나이 많은 사람들이 "너희들 우리 보고 낡은 세대라고 하는데, 너희가 일제에 항거해 전국에서 분연히 일어난 3·1절의

숭고한 정신을 봤어? 아니면 일제 36년에서 벗어난 8·15광복의 벅찬 감동을 느껴봤어? 그렇다고 민족 분단의 아픔이 된 6·25전쟁을 겪어봤어?" 386이라는 같은 말로 이렇게 반박했던 거죠. 같은 386세대지만 여기엔 2개의 역사가 담겨 있습니다. 긴 역사의 한 시기를 잘라 보여주는 고유명사가 된 것입니다.

용맹과 문명 충돌의 고유명사

영화 〈300〉과 911테러

숫자 300이 용맹스러웠던 한 시대의 군인을 기리는 고유명사가 된 경우도 있습니다. 100만의 페르시아 대군과 대적한 스파르타의 레오니다스 왕의 용맹이 2,500년 뒤 〈300〉이라는 영화로 되살아났습니다. 이 영화는 기원전 480년의 실제 역사를 담았습니다. 당시 '크세르크세스 왕'이 이끄는 페르시아 100만 대군이 그리스를 침공하는데, 아테네군과의 연합이 지연되자 스파르타의 레오니다스 왕은 300명의 스파르타 용사들을 이끌고 '테르모필레 협곡'을 지킵니다. 페르시아의 100만 대군과 맞서는 무모한 싸움이었지만 스파르타의 위대한 용사들은 나라를 위해, 가족을 위해 그리고 자기의 명예를 위해 불가능한 이 전투에 자신들의 모든 것을 걸었습니다. 전설이 된 300명 결사대의 전투는 살라미스 해전과 이순신 장군의 한산대첩과 더불어 세계 3대 대첩으로 불립니다.

페르시아 전쟁은 역사상 최초로 동서 문명권이 충돌한 전쟁입니다. 동방의 강대한 전제 세력의 침략에 대항하여 도시 국가 연합체였던 그리스는 최종 승리를 거두었습니다. 페르시아를 패배시키는 데 결정적인 역할을 한 아테네는 정치, 경제, 문화적 황금기를 맞게 되는데, 그 이면에는 바로 레오니다스 왕과 300명의 위대한 용사들이 있었던 겁니다. 300이라는 숫자는 아주 오래전 역사의 한 장면을 '용맹'의 고유명사

살라미스 해전 The Battle of Salamis

페르시아 전쟁 때, 살라미스섬과 아테네의 항구도시 피레에프스 사이에 있는 살라미스 해협에서 그리스 함대가 병력이 훨씬 우세한 페르시아 해군을 무찌른 전투(기원전 480). 기원전 522년부터 영토를 확장해 나가던 페르시아는 기원전 491년 그리스 침공을 단행한다. 전쟁 중이었던 스파르타와 아테네는 그들 간의 전투를 멈추고 공동의 적에 대응했으나 10여 년이나 끈 전쟁으로 페르시아군은 그리스 대부분 지역을 유린했다.

기원전 480년 크세르크세스가 이끄는 페르시아 해군은 약 800척의 갤리선으로 370여 척의 소형 갤리선으로 이루어진 그리스 함대를 사로니코스만에 가두어놓고 있었다. 이때 그리스의 사령관 테미스토클레스가 페르시아 함대를 유인해 살라미스섬 근처에 있는 좁은 해협으로 끌어들였다. 좁은 공간에 빽빽이 들어 있었기 때문에 페르시아 전함들이 움직이기 어려운 틈을 타 그리스의 소형 갤리선들은 맹공을 퍼부었다. 많은 페르시아 전함들을 들이받아 침몰시키는 한편, 병사들이 배 위로 올라가 육탄전을 벌였다. 그리스군은 약 40척의 배밖에 잃지 않은 반면 300여 척의 페르시아 배를 침몰시켰다. 간신히 빠져나간 페르시아 전함들은 사방으로 뿔뿔이 흩어졌으며, 크세르크세스는 계획했던 상륙작전을 1년이나 미룰 수밖에 없었다. 그동안 그리스 도시국가들은 그에게 대항해 단결할 시간 여유를 가질 수 있었다. 살라미스 해전은 역사에 기록된 최초의 대규모 해전이었다.

단 300명으로 100만의 페르시야 대군과
대적한 스파르타의 레오니다스왕의
용맹은 2,500년 뒤 단지 300이라는 숫자의
영화제목으로 살아난다.

레오니다스 | 기원전 480년

테르모필레 협곡

로 바꾸어놓았습니다.

　고대의 역사만이 아닙니다. 세계를 발칵 뒤집어놓은 사건이 2001년 뉴욕에서 일어나지요. 누구도 상상치 못한 사건이 미국의 심장부인 뉴욕 맨해튼에서 일어난 것입니다. 바로 911테러가 터졌지요. 영화의 한 장면을 방불케 하는 믿기지 않는 장면이 TV로 전 세계에 생중계되었습니다. 세계 자본주의의 심장 미국 뉴욕에서, 세계 자본주의의 상징인 세계무역센터 쌍둥이 빌딩이 폭파되었습니다. 이 사건에 담겨 있는 숫자는 어떤 의미일까요? 911 숫자를 자세히 살펴보십시오. 911이라는 숫자는 미국의 핫라인 번호입니다. 긴급한 상황에서 구원을 요청할 때, 이 911번을 누릅니다.

　긴급한 상황을 암시하는 9월 11일에 맞춰 공격을 감행한 것입니다. 구원의 전화번호가 구원이 아닌 절망과 파괴의 메시지로 변한 것입니다. 그런데 911이라는 숫자를 뒤집어보십시오. 119가 됩니다. 떠오르는 것이 있지요? 11월 9일은 1989년 베를린 장벽이 무너진 날입니다. 11월 9일에는 동서 냉전을 상징했던 베를린 장벽이 무너졌고, 9월 11일에는 자본주의를 대표하는 미국이라는 거대한 나라의 상징인 세계무역센터가 무너진 것이지요. 새로운 도전을 통한 문명충돌이 벌어진 것입니다.

2001년 9월 11일, 테러범들도

숫자에 암호 같은 메시지를 담는다.

911은 미국의 구급 전화번호.

911을 거꾸로 읽으면 119.

베를린 장벽이 무너진 11월 9일.

냉전이 끝난 뒤 이제는 자본주의의 상징인 세계무역센터를

공격해 쌍둥이 빌딩을 무너뜨렸다.

1989년 11월 9일!

911은 미국의 구급 전화번호.

911을 거꾸로 읽으면 119,

119에 관해 역사적으로 상징적인 날은?

11월 9일, 베를린 장벽이 무너진 날.

과연 이것이 우연일까요? 미국이 어떤 나라입니까? 자본주의와 자유를 상징하는 나라입니다. 더구나 외국으로부터 본토에 단 한 번도 공격받지도, 허용하지도 않은 나라입니다. 20세기 이후 미국은 막강한 군사력과 거대한 자본, 기술력으로 팍스 아메리카카Pax Americana(아메리카의 평화)를 이뤄온 나라입니다. 그런 미국을 적으로 간주한 세력이 미국에 치명적인 일격을 가하고자 했는데, 아무런 의미 없이 디데이를 9월

11일로 정했겠느냐는 것입니다. 절대 아닐 거라는 겁니다. 911, 119라는 숫자는 이제 한 시대가 무너지고, 문명이 충돌하는 고유명사가 된 셈입니다. 숫자가 이름의 세계와 합쳐진 것이지요.

고유명사가 된 기업의 숫자
666, 샤넬 넘버 5, 애플의 경우

숫자의 상징성은 기업에서도 마찬가지입니다. 구글에 클라우드 컴퓨팅이라는 인터넷 기반 서비스가 있습니다. 클라우드 컴퓨팅은 사용자가 필요한 소프트웨어를 자신의 컴퓨터에 설치하지 않고도 인터넷에 접속해 언제든 사용할 수 있고 동시에 각종 정보통신 기기로 데이터를 손쉽게 공유할 수 있는 사용 환경입니다. 즉 개인이 웹에 접속해서 포토샵, 오피스 같은 프로그램을 작업할 수 있고, 그 작업에 대한 저장도 웹에서 합니다. 가상공간에 놓인 서버(컴퓨터)를 통해 여러 사람이 개인 작업을 할 수 있는 서비스죠. 은행의 ATM이나 항공기·열차의 실시간 좌석 예약 시스템이 대표적이죠. 그런데 소비자 중심의 웹 기반이 형성된 21세기 들어서 이걸 개인이 사용할 수 있게 된 겁니다.

자료나 소프트웨어를 개별 PC가 아닌 대형 데이터센터에 저장해 뒀다가 필요할 때마다 꺼내 쓰는 체제이니, PC와 스마트폰 같은 기기가 이제 뭐가 돼요? 단순하게 말하면 '깡통'인 셈입니다. 깡통처럼 단순 기능만 수행하고 데이터센터가 '알맹이' 역할을 합니다. 사용자는 저장장치를 들고 다닐 필요 없이 인터넷이 연결되는 곳이면 어디서나 다양한 기기로 원하는 작업을 할 수 있어요. 구름Cloud은 컴퓨터 네트워크상에 숨겨진 복잡한 인프라 구조, 인터넷을 뜻하고, 전 과정이 구름 속처럼 보이지 않는 곳에서 작동한다고 해서 클라우드 컴퓨팅이라고 명명한 것입니다. 새로운 제3의 IT 혁명이 일어난 것이지요.

그런데 그러한 혁명적인 시스템을 구글Google은 2006년 6월 6일에 발표했습니다. 왜 그랬을까요? 2006년 6월 6일은 당시 〈오멘 666〉이라는 영화의 전 세계 동시 개봉일이었어요. 66.6초 분량의 예고편을 공개하고 노스트라다무스의 예언서와 관련한 징후 등을 영화와 연관시켜 마케팅에 총력을 기울이고 있었지요. 우연일지 모르지만, 구글은 이날 발표함으로써 머리 나쁜 사람들도 이러한 상징성 때문에 클라우드 컴퓨팅이 2006년 6월 6일에 시작했다는 것을 쉽게 기억할 수 있으리라는 점을 노린 것이지요. 이름을 짓고 발표하는 날짜를 통해 철저하게 홍보하고 각인시키는 세심한 부분까지 구글의 창조성이 드러난 것입니다.

그런데 세계를 바꾼 위대한 상상력의 소유자인 애플의 스티브 잡스도 6월 6일을 그냥 지나치지 않았어요. 죽기 얼마

전인 2011년 6월 6일, 미국 샌프란시스코에서 열린 세계 개발자회의WWDC에서 클라우드 서비스인 '아이클라우드iCloud'를 선보였어요. 666은 미래의 어두운 예언을 담은 묵시록의 불길한 숫자였지만, 이 두 기업을 통해 새로운 생명을 얻었습니다.

기업이 숫자를 활용한 예는 샤넬Chanel의 향수 '넘버 5'에서 또한 찾아볼 수 있습니다. 상품명이든 무엇이든 일단 숫자가 들어가 있으면 기계적이고 따뜻한 맛이 나지 않습니다. 그런데 아름다운 향기를 내는 향수라면 낭만적이고도 아름다운 이름이 많을 텐데, 향수의 재료가 된 꽃 이름이나 향수를 뿌릴 여성들을 유혹할 만한 이름이 아닌 숫자를 넣었을까요? 아무리 봐도 '샤넬 넘버 5'는 전혀 향수 이름 같지 않습니다.

하지만 이런 것이 바로 샤넬의 전략 중 하나였습니다. '샤넬 넘버 5'는 디자이너인 샤넬이 사람들이 숫자에 대해 갖고 있는 미신이나 신비성 등을 염두에 둔 것입니다. 숫자가 무한

성경에 나오는 666

성경에는 7이 완전함을 의미한다면 6은 불완전한 수로 본다. 666은 가장 사악하고 불완전한 존재를 상징하는 숫자로 (1) 네로 (2) 로마 (3) 사단을 상징한다는 견해가 있다. 그러나 세상의 종말에 나타날 적그리스도를 가리킨다는 견해가 우세하다. 이것은 요한계시록의 다음 구절에 근거한다. "지혜가 여기 있으니 총명 있는 자는 그 짐승의 수를 세어 보라 그 수는 사람의 수를 세어 보라 그 수는 사람의 수니 육백육십육이니라." (요한계시록 13장 18절)

히 우리의 상상력을 자극할 뿐 아니라 디자이너 고유의 이미
지를 만들 수 있다고 생각한 것이지요. 우리나라 사람들이 특
별한 이유도 없이 4를 기피하고, 서양 사람들이 설명할 수 없
는 이유로 13을 싫어하는 것처럼 숫자라는 것에는 숫자라는
좌뇌적 속성과 문화라는 우뇌적 속성이 함께 담길 수 있다고
본 것입니다. 그랬을 때 그 숫자는 하나의 언어처럼 풍부한
표현을 내포하게 되리라고 생각한 거지요.

　그러니까 AK36이라든지 M1, M16, M15처럼 기계 이름에
붙은 것과 달리 향수 이름에다가 붙였을 경우, 나만의 것, 지
금까지는 없었던 아주 특이한 브랜드가 될 걸로 예측한 거지

요. 실제로 샤넬은 디자인을 통해 이렇게 전혀 어울리지 않고, 오히려 반대의 이미지를 이용해 자신만의 독창적인 성취를 이룬 적이 있습니다. 남들이 싫어하는 검은색, 삶의 기쁨이나 즐거움, 일상적인 쾌락과는 거리가 먼 수도원의 경건한 검은색, 장례식에서 볼 수 있는 음울한 죽음의 색인 검은색을 패션에 넣어 화려한 이미지로 탈바꿈시킨 것입니다. 이제까지 쓰지 않았던 색을 썼으니 차별화되고, 모든 색을 흡수하는 검은색이 다른 색을 압도해버린 겁니다. 그 검은색은 이제까지와는 전혀 다른 색이 되었습니다.

향수에도 똑같은 전략을 적용한 것이지요. 지금까지 패션에서 금기시했던 색깔을 씀으로써 차별화한 것처럼 지금까지 쓰지 않았던 숫자를 향수의 이름에 붙인 겁니다. 이런 발상을 통해 차갑고 싸늘하고 중립적으로만 느껴지던 숫자에 강력한 주관적 이미지를 넣음으로써 독특한 개성이 드러나도록 한 것입니다. 숫자의 세계에 이름의 세계를 혼용하면서 부정적인 것은 긍정적인 것으로, 좌뇌적인 것은 우뇌적인 것으로 바뀌는 전이Transform가 일어나고 이 과정을 통해 새로움이 창조된 것이지요. 종교적인 검은색, 죽음의 검은색을 화려한 패션, 이 세상에 살아 있는 세속적인 욕망의 색깔로 전이시킴으로써 '샤넬 느와르'라는 전혀 새로운 색채를 만들었습니다. '샤넬 넘버 5' 역시 단순하고 싸늘한 숫자를 향수 이름에 붙임으로써 누구도 흉내 낼 수 없는 샤넬만의 고유한

1976년
애플 로고

향기를 만들어낸 겁니다. 이처럼 기업들은 끊임없이 새로운 아이디어를 추구하는 열정으로 평범하고 딱딱한 숫자에 생명을 불어넣고 기존에 있던 숫자의 이미지마저 바꾸었습니다. 이것이 숫자가 이름의 세계, 언어의 세계로 들어오면서 일어나는 변화입니다.

반면 '애플Apple Inc.'은 보통명사를 고유명사화한 네이밍 창조의 좋은 예입니다. 애플의 한 입 베어 먹은 듯한 모습의 사과 로고의 유래에 대해서는 여러 가지 설이 있지요. 컴퓨터의 이론을 확립해 '컴퓨터 과학의 아버지'라고 불리는 앨런 튜링 Alan Turing이 독이 든 사과를 한 입 베어 물고 죽었다는 점에 착안하여 그를 추모하기 위해 만들었다는 이야기도 있고, 성경에 나온 아담이 사과를 한 입 베어 물어 인류의 운명이 바뀐 것처럼 컴퓨터가 인류의 문명을 바꿀 거라는 스티브 잡스의 확신에 의한 것이라는 설, 그리고 처음에 도안을 내놓았을 때 토마토인지 사과인지 구분할 수 없어 한입 베어 먹은 모습으로 만들었다는 설도 있으며, 단순히 사과의 추락을 보고 만유인력의 법칙을 발견해 근대 과학을 바꾼 아이작 뉴턴을 기념하는 데서 시작되었다는 말도 있습니다. 그리고 그는 애플 창업 초창기 때 항상 고민이 있을 때 가던 사과 농장에서 힌트를 얻었다는 이야기도 있습니다. 하지만 유래가 어떤 것인지 정확하게는 밝혀지지 않았습니다. 최근 스티브 잡스의 공식 전기가 출판되면서 롭 야노프가 처음 애플의 로고 제작을 의뢰받고 만든 두 가지 도안(사과를 한 입 베어 문 것과 베어 물지 않은 것) 중 한 입 베어 물지 않은 것은 토마토인지 사과인지 구분할 수 없어 투표를 통해 현재의 한 입 베어 문 사과 로고가 탄생되었다는 설이 가장 유력하다고 밝혀놓았습니다.

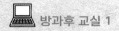

『로빈슨 크루소』와 숫자의 세계

"『로빈슨 크루소』는 처음부터 끝까지 상인을 그리고 있다."

> 말하자면 배가 난파당해 무인도에 표류해서 왔다, 이러면 손해
> 야. 배가 깨졌으니 적자지. 그런데 그 섬에서 자기는 살았어. 이것
> 은 생명을 건진 것이니 흑자야. 그런데 그 섬이 무인도니 적자야.
> 그런데 먹고살 만한 물이 있으니 흑자야.

이렇게 일어나는 전체 이야기를 장부 기입하듯, 손익계산서처럼 절망과
희망도 손해와 이익으로 그려져 있다. 사고팔 것도 없고 시장도 없는 무
인도에서 생활을 하면서도 숫자로 끊임없이 계산한다. 심지어 날아가는
새나 쓸쓸하고 아름다운 풍경도 감성적인 측면보다 새가 날면 잡을 수
있을까? 먹을 수 있을까? 오직 로빈슨 크루소의 관심은 생존과 이익으
로 점철되어 있다. 결국 외로운 섬에서 자본주의를 일구고 혼자서 28년
간의 자본주의 발전사를 보여준다. 고립된 섬에서 바깥 문명의 힘을 빌
리지 않고서도 인간들이 수천 년의 역사를 통해 만들어낸 문명, 역사를
혼자서 그대로 재현한 것이다. 바로 개인 속에 축적된 인간의 역사, 숫자
문명을 보여준다.
이렇게 보면 오늘날 우리가 모든 것을 숫자로 계산하면서 하루하루 생
활하는 것도 결코 무리가 아니다. 외롭고 쓸쓸한 섬에서 살아가는 로빈
슨 크루소에게는 아무것도 없는 것이 아니라 숫자가 있었다. 그러니까
오늘날 우리는 번화한 도시, 사람들과 관계를 맺는 사회에서 열심히 살
아가는 것 같지만 본질적으로는 숫자로 따지고 손익을 계산하는 로빈슨
크루소처럼 무인도에 혼자 살아가는 것과 다를 바 없다.

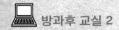

『25시』, 인간성 회복의 메시지

루마니아의 작가 비르질 게오르규의 소설 『25시』를 읽으면 루마니아의 산골 폰타나의 소박하고 순수한 농부인 요한 모리츠가 겪어야 했던 가혹한 수난에 절망을 느끼게 된다. 그에게 이어지는 끊임없는 불행을 보면서 신에 대한 반감도 느끼게 된다. 루마니아의 산골 폰타나의 농부 요한은 아내 수산나의 미모를 탐낸 경찰서장 도브레스코의 계략으로 첫 고난의 길로 접어든다. 유대인이라고 상부에 거짓 보고되어 강제 노동에 보내지고, 수산나는 서장의 꼬임에 넘어가 남편과의 이혼서류에 강제 서명한다. 이후 수용소를 탈출한 요한은 스파이 혐의로 검거되어 독일로 끌려가 강제 노동을 하게 되는데, 독일 친위대 대령에게 아리안족의 순수 혈통을 가진 영웅이라는 것을 인정받아 수용소장에 임명된다.

하지만 1944년 4월, 소련이 루마니아를 침공했을 때 요한은 미군의 포로가 되어 전범자로서 재판을 받게 된다. 이때 변호인은 법정에서 아내 수산나가 요한에게 보내는 8년 동안의 기록을 낭독한다. 비로소 석방된 요한은 아내와 그리고 소련군의 겁탈에 의해 태어난 아이를 포함한 세 자식들과 감격적인 상봉을 한다.

책의 제목인 『25시』는 무엇을 의미하는 것일까? 그가 말하는 '25시'는 시간의 양을 뜻하는 것이 아니다. 하루 24시간을 떠난 가상의 시간인 것이다. 있지도 않은 가상의 시간을 제목으로 해서 주인공 요한의 가혹한 삶을 조명한 것은 바로 인간성이 부재한 폐허의 시간, 절망의 시간을 의미한다. 휴머니즘의 상실인 것이다. '25시'라는 그 가혹한 시간을 극복할 수 있는 길은 무엇일까. 바로 잃어버린 인간성 회복이다. 『25시』에서 비인간적인 세상에 저항하는 한 인간의 처절한 모습은 우리가 숫자를 통해 무엇을 추구해야 하는지 알려주고 있다.

게오르규와 이어령 선생.

게오르규, 「한국찬가」 중에서

"여러분! 용기를 가지십시오. 고난의 역사도 결코 당신들에게서 빼앗을 수 없었던 아름다운 시와 노래와 그 기도-용기와 자랑을 잃지 마십시오. 당신들은 단순히 당신들의 나라만이 아니라 세계가 잃어버린 영혼입니다. 왕자의 영혼을 지니고 사는 여러분들, 당신들이 창조한 것은 냉장고와 텔레비전과 자동차가 아니라 지상의 것을 극복하고 거기에 밝은 빛을 던지는 영원한 미소입니다.

여러분! 미래의 역사와 그 빛은 아파하는 자의 가슴속에서만 태어납니다. 그리고 수난을 참고 견디며, 그것을 넘어설 수 있었던 오랜 슬기와 용기를 가진 자의 눈빛에서만 창조됩니다. 한국에 와서 나는 '해와 달' 설화를 읽었습니다. 호랑이에게 쫓기던 남매가 하늘의 해와 달이 됩니다. 호랑이는 빛이 될 수 없습니다. 침략만을 꿈꾸는 강대한 나라들은 피만을 남기고 흙으로 돌아갈 것입니다.

여러분들은 광명입니다. 하늘과 땅을 이어주는 사다리입니다. 한국이여, 내 마음을 정복한 사람들, 영혼의 사람들이여, 내 친구여."

넷째 허들

0의 발견

우리는 8020에 0이 몇 개나 있는지를 풀어보았다. 2개에서부터 무한대까지 숨어 있는 0. 그렇다면 이 0은 또 어떤 상징적 의미를 품고 있을까? 0을 발견한 것은 인도인이었다. 이 0의 발견으로 숫자의 세계는 새로운 단계에 들어섰다. 0은 아무것도 없으면서 동시에 무엇이라도 될 수 있는 생명의 근원으로 숫자의 세계를 거대한 창조의 공간으로 바꾸어놓았다. 그래서 0은 무엇이든 될 수 있는 우주의 달걀, 신비의 우로보로스가 된다.

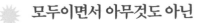

모두이면서 아무것도 아닌

빵의 세계

8020에는 8 다음에 0이 있지요? '우리는 8020에 0이 몇 개나 있나?'를 앞에서 풀어봤어요. 2개에서부터 무한대까지 숨어 있는 0. 그렇다면 이 0은 또 어떤 상징적 의미를 품고 있을까? 0에 1을 더하면 10이 됩니다. 10은 모든 것을 포함한 완전을 나타냅니다. 피타고라스 등 그리스인들은 10을 완성된 우주의 수로 여겼지요. 또 10(1+0)은 1로 환원되는 수이며, 원초의 상태로 재생하는 힘을 가진 숫자라고 보았습니다. 또한 모든 것을 포함한 만큼 하나로 합쳐진 안정되고 완전한 힘을 의미하기 때문에 신이나 왕국과 결부되어왔습니다. 또는 신의 영광이나 신의 힘을 상징한다고도 생각했습니다. '카발라'에서 10은 '왕국'을 의미하고 모든 물질, 모든 정신, 우주의 모든 것을 포함한 요소의 전부로 전 인류, 전 우주를 나타냅니다.

0도 비슷합니다. 0은 표면적으로 아무것도 없다는 뜻으로 생각하지만 그렇기 때문에 무엇이라도 될 수 있는 모든 것, 완전을 나타내기도 합니다. 특히 0은 우리나라 사람들에게 특별합니다. 0을 딴 나라 사람들은 아무것도 없다는 뜻의 '제로'라고 했지만 우리는 0을 보고 '빵'이라고 했습니다. 아무것도 못 맞춘 시험지에 '0점'이라고 크게 쓰여 있으면 우리는 '빵점'이라고 합니다. 먹는 빵이 둥그니까 빵점이라고 하는 겁니다. 너무 가난한 시절을 보내서인지 한국 사람들의 상상

카발라Kabbalah

카발라는 고대부터 중세인 12세기까지 형성되어 현대까지 이어지는 유대교 신비철학이다. 카발라 신비가들은 우주 창조와 영혼의 윤회를 믿으며 경전의 해석에 암호를 사용한다. 성문화되지 않은 토라(하나님의 계시)에 대한 비밀 지식, 신비스러운 경험에 내재해 있는 교리와 의식을 구전으로 전수하여 하나님에게 직접 다가가는 방법을 가르쳐준다. 카발라의 뿌리는 1세기 팔레스타인에서 번성했던 메르카바 신비주의까지 거슬러 올라가는데, 율법적인 기독교 전통과는 달리 신비적 명상을 통한 황홀경 체험을 강조했다.

3~6세기 사이에 나타난 마술과 우주론에 관한 최초의 유대교 문헌인『세페르예치라Sefer Yetzira』는 창조를 창조주 하나님의 10가지 신성한 숫자인 세피로트와 히브리어 알파벳 22글자와 관련된 하나의 과정으로 설명했다. 이들을 모두 합하여 '32가지의 은밀한 지혜의 길'이라고 했다. 초기 카발라에 관한 주요문헌은 12세기에 대체로 완성되었으며, 유대교의 비의적 신비주의의 발전과 유대교 전반에 심대하고 지속적인 영향을 미쳤다. 이 가운데『세페르 하 바히르』는 10가지 숫자를 우주를 창조하고 유지하는 도구로 해석했고, 영혼의 환생 같은 관념들을 유대교에 도입했으며, 폭넓은 신비적 상징주의를 통하여 카발라의 기초를 확고히 했다.

력은 먹을 것으로 참 많이 기웁니다. 왜 수학문제만 해도 꼭 먹는 걸로 풀지요. 그래서 가끔 엉뚱한 답도 튀어나오고요.

"사과가 10개 있는데, 철수가 3개를 먹었다. 남은 사과는 모두 몇 개인가?"

답은 7개지만 한 녀석은 계속 "3개예요"라고 하지요. 선생님께서 "10개 중에 3개를 먹었는데 어떻게 3개가 남아?" 하면 넉살 좋게 "우리 어머니가 그러는데요, 먹는 게 남는 거래요" 하잖아요. 이렇게 0이라는 숫자에는 우리나라의 가슴 아픈 가진 공동의 기억이 배어 있기도 합니다. 그럼 수학적으로 0은 뭘까요? 우리가 0을 포함한 숫자를 흔히 아라비아 숫자라고 하지만 앞에서도 이야기한 것처럼 그 숫자는 인도에서 온 것입니다. 0을 발견한 것도 인도인이었습니다. 기원전 7~8세기경 브라미 문자에서 최초의 숫자가 보이기 시작하는데, 점차 위치기수법이 되어갔지요. 위치기수법은 똑같은 숫자가 위치에 따라 단위가 달라지는 것인데, 그전까지만 해도 단위마다 각기 다른 문자로 표기해야 했죠. 가령 이집트에서는 764를 100에 해당하는 기호 7개, 10에 해당하는 기호 6개, 그리고 1에 해당하는 기호 4개를 써서 나타냈습니다. 당연히 단위가 큰 숫자를 표기하는 것이 어려웠습니다. 인도에서는 0을 처음에는 빈칸을 띄워 표시했고, 그게 점이 되었다가 0으로 변했습니다. 0이 인도를 발상지로 한 불교의 '공空' 개념이 0과도 연관이 있는 것으로 보이지만 그 연관 관계가 정확하

O은 우주의 달걀

'자기 꼬리 문 뱀' 우로보로스Ouroboros이며 '음과 양이 서로 의지하고 있는' 태극이다.

우로보로스 그림(1478).

게 발견된 것은 아닙니다. 0의 기원이 무엇이든, 0의 발견으로 숫자의 세계는 새로운 단계에 들어섰습니다. 수학의 계산은 더 많은 양, 복잡한 양을 계산하고 표기하게 되었고 수학이 궁극적으로 다루고자 하는 문제, '무한(영원)과 없음, 이어짐(연속)'의 문제를 다루게 됩니다. 이러한 변화는 철학과 기타 학문으로까지 영향을 미치게 되었습니다. 수학 속에서 철학이, 철학 속에서 수학이, 그것이 다시 과학으로 이어지면서 문명의 발전으로까지 이어지게 되었습니다.

또한 0은 우주의 달걀, 신비의 우로보로스ουροβόρος입니다. 우로보로스는 그리스어로 '꼬리를 삼키는 자'라는 뜻입니다. 커다란 뱀이나 용이 자신의 꼬리를 물어 둥근 모양을 하고 있지요. 이러한 상징은 서구뿐만 아니라 전 세계에 공통적으로 나타납니다. 탈피하는 뱀의 형상이라고 해서 끊임없이 재생하는 영원의 상징으로도 읽었지만 둥근 형상이 무한히 되풀이된다는 뜻에서 불사나 무한을 의미하기도 하지요. 처음과 끝이 맞물려 동시에 존재하는 모든 것이면서 꼬리부터 먹기 시작하면 결국 아무것도 남지 않으니 '무無'라고 여기기도 했습니다. 아무것도 없으면서 동시에 무엇이라도 될 수 있는 생명의 근원인 거지요.

한 획으로 그어지는 동그라미, 이 0을 빵이라고 부른 사람은 이 세상에 우리나라 사람밖에 없어요. 또 우리 노래에 "동그라미 그리려다 무심코 그린 얼굴"이라는 가사도 있습니다.

동그라미는 물리적 허기를 달래줄 수 있는 빵이 되기도 하고, 마음의 허기를 채워주는 그리운 얼굴이 되기도 합니다. 아무 것도 아니기 때문에 무엇이라도 될 수 있는 0의 의미를 제대로 알았던 셈이지요.

음양대립陰陽對立**이 아닌 음양대대**陰陽對待

음과 양은 단순히 대립·갈등하는 것이 아니다.
음과 양은 대립과 갈등 속에서 서로가 서로를 의지하며
대립을 넘어 새로운 것을 창조하고 상생한다.

독립군 태극기의 태극 모양.

5

질서와 균형의 숫자 8

'8020 이어령 명강'은 숫자 4개로 시작한다. 8, 0, 2, 0. 이 숫자들은 모여 있을 때도 다양한 의미를 지니지만 그 자체로도 각각 의미를 지닌다. 8이라는 숫자는 어떤 의미를 가지고 있을까? 숫자의 신비를 연구하는 수비학에서 숫자 8은 질서와 균형을 나타낸다. 하지만 그것이 다가 아니다. 8을 옆으로 누이면 무한대 기호가 되고, '뫼비우스의 띠'가 된다. 이것은 무한한 가능성을 의미하기도 하고, 발전을 의미하기도 한다.

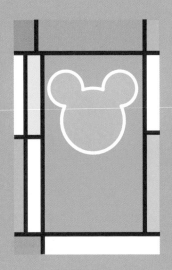

숫자의 신비로 풀어본 8

8은 발전이다

한자의 八은 끝으로 갈수록 부채처럼 퍼져 있다
미래가 열려 있는 형상으로 한자문화권에서는
모두 이 숫자를 좋아했다.

중국어의 八자 음은 발전하다의 발(發)과 같다.
그래서 북경 올림픽은 2008년 8월 8일 8시에 열렸다.

수비학Numerology이라는 게 있습니다. 라틴어로 숫자Number를 의미하는 라틴어 누메루스Numerus와 사고, 표현 등을 의미하는 희랍어 로고스Logos가 합쳐진 말이지요. '숫자의 과학'

정도가 될까요? 우리는 이 수비학을 통해서 두 세계가 하나였던 시기의 흔적을 찾아볼 수 있습니다. 고대인들은 미래를 예언하기 위해 수비학을 사용하였습니다. 즉 이미 태고부터 수는 신비한 힘을 가지고 있다고 보아 아주 신성하게 생각했습니다. 최초의 본격적인 수비학자이자, 수학의 아버지라고 불리우는 2,600년 전의 그리스인 피타고라스^{Pythagoras}는 "숫자들이란 무한에 경계를 짓는 것이며, 사물의 참된 본성을 구성한다. 그리고 모든 개념들은 숫자로 표현될 수 있다"라고까지 말했죠. 피타고라스는 1부터 9까지 숫자들의 속성과 관계를 묘사하였는데, 여기에 동·서양의 문화적, 종교적 차이라는 맥락이 더해지면서 숫자는 점점 특별한 의미를 가지게 되었죠.

자, 이제 우리도 우리 명강의 이름의 첫 부분, 8020을 길잡이 삼아 숫자의 신비 속으로 들어가 볼까요? 아까 8020이라고 했지만, '8'자만 가지고도 엄청난 이야기를 만들어낼 수 있습니다. 생각나는 것만 이야기해도 살아온 인생을 말하는 팔자, 늘씬한 미인의 대명사 팔등신, 다재다능의 아이콘 팔방미인, 8을 옆으로 눕혔더니 ∞ = 수갑 모양, 이건 토폴로지네요. 위상기하학에서 8을 숫자로 보지 않고, 순전히 형태로만보는 거죠. 형태가 아니라 기호로 보면, 뭐가 돼요? 뫼비우스의 띠 같은 게 되네요? 그렇지요? 무한대 기호가 됩니다. 또8을 음만 보면 우리 몸의 어깨와 손목 사이에 있는 팔이 되고,

청춘의 상징 28 청춘도 떠오르지요.

우리나라 근대의 천재 작가 이상은 8이라는 숫자를 시로 언어화하기도 했습니다. 「且8氏(구차팔씨)의 出發(출발)」이라는 시 가운데 일부입니다.

且8氏(구차팔씨)의 出發(출발)

(중략) 사람의宿命的發狂(숙명적발광)은 棍棒(곤봉)을 내어미는 것이어라*

> *事實(사실)且8氏(차팔씨)는 自發的(자발적)으로發狂(발광)하였다. 그리하여 어느듯且8氏(차팔씨)의溫室(온실)에는隱花植物(음화식물)이꽃을피워가지고있었다.

눈물에 젖은感光紙(감광지)가太陽(태양)에마주쳐서는히스므레하게光(광)을내었다.

이 작품의 제목에 등장하는 '且8氏'는 이상이 즐겨 사용했던 '글자놀이'로 읽어볼까요? 아라비아 숫자로 표시된 '8'을 한자로 고치면 '八'이 되지요. 그리고 이 글자를 앞의 '차且'의 바로 아래에 붙여 쓰면 '具(구)' 자가 됩니다. 결국 '具(구)'라는 한자를 파자破字하여 '차且'자와 '팔八'로 분리했고, 다시 '팔八'이라는 글자를 아라비아 숫자인 '8'로 바꾸었던 것입니다. 이 具(구)자는 당시 이상의 절친이었던 화가 '구본웅'을 뜻합니다. 어릴 때 척추를 다쳐 꼽추가 되어 '한국의 로트렉'이라 불

구본웅의 친구인 삽화가 행인杏仁 이승만李承萬이 그린
키가 큰 이상과 함께 걸어가는 구본웅의 모습.

리던 구본웅은 키가 큰 이상과 함께 다니면 어린아이들이 쫓아다니며 놀렸고, 나이 든 사람들은 "곡마단패가 들어왔나 보네", "활동사진 변사 일행이야" 하고 수군거렸다는 이야기가 전해집니다. 구본웅의 친구인 삽화가 행인杏仁 이승만李承萬이 두 사람이 함께 걸어가는 모습을 그린 모습을 보면 더 선명하게 이 시의 정체를 알 수 있을 겁니다.

하지만 이 숫자가 이 시 속에서 어떤 의미를 지닌 것이냐, 혹은 진짜가 무엇이냐를 가리는 것이 중요하지 않습니다. 딱딱하기만 한 숫자가 이름, 언어의 세계로 들어온 것만으로 우리의 머리는 상쾌하고 말랑말랑해집니다. 시에서 숫자가 나오니 사람들은 이건 무슨 뜻일까 생각하기 시작합니다. 수많은 사람들이 수많은 이야기를 만들어냅니다. 어떤 것이 정답이냐는 중요하지 않습니다. 이것이 바로 숫자와 이름의 세계가 혼용하는 세상입니다. 이런 세상에 몰개성의 숫자, 관리와 통제의 숫자, 다른 의미를 허용하지 않는 숫자는 더 이상 없습니다. 앞으로의 시대는 "3자를 보면 무슨 생각이 나요?" 하고 물었을 때, "3자가 3자지"라는 답변을 하면 안 됩니다.

이렇게 생각에는 끝이 없어요. 그렇다면 8은 앞으로 무한정 많아질 수 있어요. '8020 이어령 명강 – 생각의 축제'는 완전하지는 않지만 자신의 머리로 생각하는 학교이기 때문입니다. 상상력으로, 창의력으로, 역발상으로!

자, 이제 8에 마법을 걸어봅시다. 아까 아라비아 숫자 8자를 눕혀보았더니 무한대 기호, 혹은 뫼비우스 띠가 되었습니다. 8을 단순한 숫자가 아니라 눕혀봄으로써 수학적으로, 인문학적으로 다양한 의미를 주는 기호나 용어로 볼 수 있는 겁니다. 무한대를 표시하는 기호(∞)는 영국의 수학자 월리스가 17세기에 제일 먼저 사용했어요. 그런데 자칫 이 ∞(무한대)를 수로 생각하기 쉬운데 그렇지 않다는 것입니다. 수학에서 수라는 건 더하고 빼고 이항하면서 허용 범위 안에서 자유롭게 연산이 가능해야 하는데 무한대는 그렇지 않아요. 왜냐하면 무한대는 어떤 큰 값을 의미하기보다는 커져가는 상태를 의미하기 때문입니다. 즉 연산이 되질 않고 충돌합니다.

$$\infty + 1 = \infty$$
$$1 = \infty - \infty = 0$$
$$즉\ 1 = 0$$

모순이 생기죠? 숫자가 될 수 없는 것이지요. 그럼 이러한 무한대를 보고 무엇을 연상하면 좋을까요? 계속 커져가는 상태를 의미하니 '끝없는 가능성'이라는 의미로 해석할 수 있습니다.

$$8 \rightarrow \infty \rightarrow 끝없는\ 가능성$$

어렵고 힘든 것은 견딜 수 있지만 가능성, 희망이 없다면 사람들은 절망하고 무기력해져요. 아라비아 숫자 8자를 보고 자신에게 잠재되어 있는 어떤 가능성을 떠올린다면 이것이

존 월리스 John Wallis
영국의 수학자. 데카르트의 수학 사상을 발전시켜 극한의 개념에 수학적 형식을 주어 미적분의 계산을 발전시켰으며, 귀납법으로 원주율 π를 무한곱으로 전개하는 성과를 거두었다. 무한의 기호(∞)는 그가 처음으로 사용한 것이며 원뿔 곡선론을 해석적으로 구성하였다.

8은 우주다

은하계의 한복판 성운 속에서 8자가 찍혔다.
무한대의 기호 혹은 뫼비우스의 띠가 우주 속에 있었다.

2011/7/20
적외선 천문위성
HERSHEL이 촬영

야말로 숫자에 마법을 건 거나 마찬가지지요. 8은 또한 뫼비우스의 띠지요. 이것은 1858년 독일의 수학자 뫼비우스가 직사각형 모양의 긴 띠의 양 끝을 그대로 붙이면 보통의 띠가 되는데, 이것을 띠를 한 번 꼬아서, 즉 180도 회전시켜서 붙였더니 겉면과 안면이 같은 띠가 만들어진 겁니다. 뫼비우스의 띠는 긴 띠를 비틀어서 붙이고 한 면을 따라가면 이 면이 겉이었다가 안이 되고 다시 안이 되었다가 겉이 됩니다. 수학적으로는 이게 안 풀리는 것입니다. 겉과 안은 다른 것이고 섞일 수 없는 것입니다. 그런데 또 믿을 수 없는 사람에 대해 말할 때는 '겉과 속이 다르다'고 말하는데, 그러면 좋은 사람은 겉과 안이 같은 사람이네요. 뫼비우스의 띠 같은 사람. 그러니 어느 것도 같고 다르다고 확실히 이야기할 수 없는 것이지요.

8은 또한 발전을 의미합니다. 한자의 八은 끝으로 갈수록 부채처럼 퍼져 있어서 미래가 열려 있는 형상이라고 해서 한자문화권에서는 모두 이 숫자를 좋아합니다. 중국인들은 특히 이 8을 좋아하는데, 八자 음이 발전하다의 발發과 같기 때문입니다. 8을 눕히면 영원이라는 무한기호가 되고, 안과 겉의 경계가 없는 뫼비우스의 띠가 되는 것처럼 8은 한자의 형태를 통해 환한 미래를 약속합니다. 재산을 발전시켜서 경사스러운 것이 된다는 뜻을 가져서 중국인들이 새해 덕담으로 건네는 '발재공희發財恭喜'는 발재發財와도 음이 같으니, 중국인들이 좋아할 수밖에요. 그래서 2008년 올림픽을 유치한 중국은 올림픽 개막식을 8월 8일 8시에 했습니다.

아우구스트 뫼비우스 August Ferdinand Möbius
독일의 수학자, 천문학자. 기하학에서 동차좌표의 일종인 중심좌표를 처음으로 도입한 업적을 남겼고, 사영기하학의 기초를 굳혔으며 직선 기하학 연구의 선구적인 역할을 했다. 또한 면의 안과 밖이 구분되지 않는 '뫼비우스의 띠'에 대한 연구로 널리 알려졌다.

모든 숫자를 포함하고 있는 디지털의 8

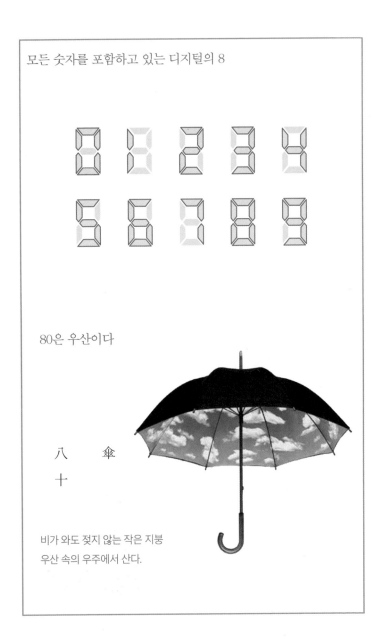

80은 우산이다

八　　　傘
十

비가 와도 젖지 않는 작은 지붕
우산 속의 우주에서 산다.

이렇게 중국인의 마음을 알았으니 기업들이 가만히 있겠어요? 세계 최대의 시장으로 떠오른 중국에 상품을 팔 때 이를 충분히 감안해 마케팅을 합니다. 한국 기업들도 베이징 올림픽을 앞두고 '8자 마케팅'을 했지요. 상품 모델에 8자를 넣거나 스포츠 의류에 8자를 새기는가 하면 각종 행사에도 8이 들어가는 날짜와 시간으로 정했어요. 삼성전자는 당시 휴대전화 기종의 명칭을 'SGH-D888' 모델을 선보였어요. 아디다스의 경우에는 금·은·동메달을 상징하는 운동화를 모두 8,888켤레 만들었고. 현대자동차는 당시 베이징 올림픽을 계기로 중국 시장에서 점유율을 높이려고 30만 대 규모의 중국 2공장을 준공하면서 행사일을 8일로 잡기도 했지요. 이렇게 숫자의 상징이라는 것은 끝없이 확장될 수 있는 놀라운 것입니다.

이 사진들을 보십시오. 모든 숫자를 포함하고 있는 디지털의 8, 하늘 한복판의 아로새겨져 있는 무한기호 모양의 성운. 80을 한자로 썼을 때, 한자 八과 十이 합쳐져 만들어진 우산. 우연이 만든 8, 모양은 8의 의미를 우주로 넓히고, 비를 피할 수 있는 안온한 피난처가 되게 합니다.

딱딱한 숫자이지만 이렇게 언어화될 때 의미와 상징성을 가지고 매 순간 재탄생되니 이것이야말로 우리가 평생 숫자와 살아가는 방법입니다. 언어화된 상징이 인간 문명의 발전에 초석으로 작용할 수 있다는 것입니다. 숫자가 판치는 것이 아니라 숫자의 의미가 인간의 마음을 움직여 다양성을 만들고 상상력을 키울 수 있지요.

✷ 우주와 만물의 융합 8

　수비학적으로 8을 살펴볼 수도 있어요. 8자는 숫자 4가 두 개 보태진 것이죠. 기본 사각형, 즉 인간이 자연과 우주를 이해하기 위해 만든 사각형 2개를 어긋나게 겹치면 8개의 꼭짓점이 생겨납니다. 이것이 동양사상의 8괘입니다. 8괘가 되면 거의 우주 전체를 나타냅니다. 주역을 중심으로 하는 동양사상은 8괘는 우주의 현상을 가장 간략하게 함축한 것으로 봅니다. 음양 2, 그것들이 4가 되어 동서남북이 되고, 그 4가 발전되면 8괘가 됩니다.

　동양의 정자 지붕은 팔각 모양이죠? 원과 사각형의 상징되는 둥그런 하늘과 네모난 땅을 합친 것을 팔각으로 표현한 겁니다. 거기에 인간이 들어가 있으면 우주와 만물의 혼융인 셈입니다. 컴퓨터에서 다루는 자료의 양의 최소 단위인 비트는 8비트가 모여서 1바이트가 됩니다. 바이트는 정보를 세는 기본 단위죠. 그래서 모든 컴퓨터 정보의 단위는 8의 배수입

니다. 1킬로바이트는 1,024바이트(128/8), 1메가바이트는 1,024킬로바이트…… 이런 식으로요. 이 숫자들을 계속 8로 나눠 가면(128/8=16, 16/8=2), 컴퓨터 언어인 이진법 0과 1을 상징하는 2가 됩니다.

이렇게 8은 물질성과 정신성의 조화인 질서를 나타낼 뿐 아니라 지배적인 권력이나 권위, 부나 명성, 성공이나 번영과 결부되어왔습니다. 한자에서는 팔八이라는 글자 모양처럼 일을 넓혀가고 확대한다는 의미를 갖고 있어서 일본에서는 '8(八)'이라고 써서 점차로 번창해가는 모습을 나타내곤 합니다. 게다가 8이라고 하는 숫자를 옆으로 누이면 무한을 나타내는 기호가 되니, 끝없이 계속되는 무한의 힘을 상징하는 수라고 할 수 있지요.

또한 8은 전체성을 나타내는 질서를 상징하기 때문에 장엄함이나 엄격함, 명예나 힘의 상징이라고도 할 수 있어요. 그래서 중국을 비롯한 온 세상에서 사랑을 받아왔습니다. 단지, 힘을 오용해서 2개의 세계를 합치지 못하고 분열시키기도 하고 파괴로 이끄는 숫자를 상징하기도 합니다. 현세적으로는 활력Vitality, 끈질김이나 근성, 용기나 어려움(곤란)을 이기는 힘을 나타내기도 합니다. '카발라'에서는 8이 영광을 의미하고 이 세상을 사는 지혜와 강력한 힘을 겸비해 여러 가지 시련을 뛰어넘어서는 것을 의미합니다. 불교에서 불자들이 해탈에 이르기 위한 실천방법을 팔정도八正道라고 한 것처럼 강한 의지와 용기 있는 행동력을 나타내기도 합니다.

팔정도

팔정도八正道(산스크리트어: āryāṣṭāṅgamārga, 영어: Noble Eightfold Path), 팔성도 八聖道 또는 팔지성도八支聖道라고도 불리는데, 불교의 사성제 '고·집·멸·도 苦·集·滅·道'의 가운데 마지막 도제道諦에서 깨달음을 성취하기 위한 8개의 수단 또는 실천 덕목을 가리킨다. 첫째 바르게 보기 정견正見, 둘째 바르게 생 각하기 정사유正思惟·정사正思, 셋째 바르게 말하기 정어正語, 넷째 바르게 행 동하기 정업正業, 다섯째 바르게 생활하기 정명正命, 여섯째 바르게 정진하기 정정진正精進·정근正勤, 일곱째 바르게 깨어 있기 정념正念, 여덟째 바르게 집 중하기 정정正定 등으로 이루어져 있다. 이 8개의 길 가운데 어느 하나가 실 천되면 다른 7개의 길이 그 하나에 포함되어 동시에 행하여지는 까닭에 영 어로 'Eight'가 아니라 'Eightfold'로 표현된다.

✹ 지상의 세계를 이루는 숫자 4

　4라는 숫자는 아주 중요한 숫자입니다. 1, 2, 3까지는 우주의 숫자, 자연의 숫자입니다. 하늘에서 놀지요. 이렇게 태극이나 천지인은 인간의 현실보다는 관념의 세계에 존재합니다. 그런데 넷, 4가 되면 달라집니다. 마치 세상 모든 물건들의 다리가 4개이듯이 4는 땅으로 내려오는 것입니다. 구체적인 사물이 되어 지상의 세계를 이루는 겁니다. 4개 하면 동서남북, 공간을 쪼개고, 시간도 춘하추동 넷으로 나눕니다. 그러나 실제로 따져보면 방향이 4개뿐입니까? 동그랗지요. 360도로 되어 있으니까. 하지만 360도도 아닌 셈이죠. 그것보다 더 잘게 쪼개면 수천도도 만들 수 있지요. 그런데 이것을 사각형으로 본 겁니다. 이건 인간의 마음, 생각인 거죠. 실제 땅은 사각형으로 되어 있지 않습니다. 머릿속에서 만들어낸 자연인 겁니다.

　숫자라는 게 본디 그런 겁니다. 실제 자연을 볼 수 있는 것,

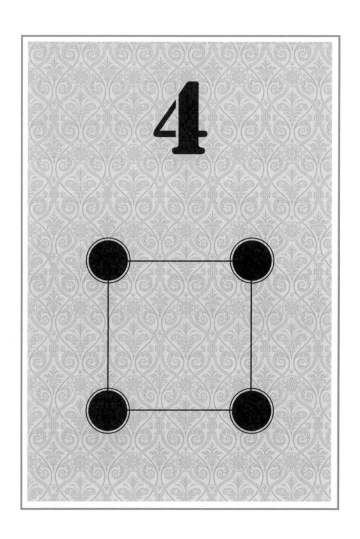

구체적으로 감각할 수 있는 것으로 바꿔놓는 방법이죠. 근대의 시작이 그러했듯, 바로 이 숫자가 문명과 문화의 자궁이었습니다. 만약 자연 그대로라면 우리는 아무것도 만들지 못합니다. 동서남북이라든지 춘하추동 같은 것은 실제로 없던 것을 우리 관념 속에서 만들어낸 겁니다. 이것이 바로 창조죠.

동양이 오행으로 우주의 원리를 설명하려고 했다면 숫자 4는 서구 문명과 밀접한 관련을 갖습니다. 고대 그리스의 많은 철학자들이 세상의 근간이 모두 4개의 요소로 이루어졌다고 보는 것에서도 알 수 있습니다. 고대 그리스 의학에서는 인간의 몸 안에 네 종류의 액체가 흐르고 있어서 그중 어느 것이 더 많은가에 따라 그 사람의 성격과 건강 상태가 정해진다는 '사성론'이 나오기도 했습니다. 즉 혈액이 많은 '다혈질'의 사람은 활동가, 담즙이 많은 '담즙질'의 사람은 변덕쟁이, 점액이 많은 '점액질'의 사람은 끈질긴 성격의 사람, 흑담즙이 많은 '우울질'의 사람은 내성적인 사람이라고 했습니다. 반면 동양의 오행은 서양의 네 요소인 목(木, 나무)·화(火, 불)·수(水, 물)·금(金, 쇠)에 토(土, 흙)을 더했어요. 물과 불은 물질과 에너지, 나무와 쇠, 이것은 물질, 그리고 그 가운데 흙이 있는 겁니다. 그런데 서구에서는 불·바람·흙·물의 4원소를 내세웠지요. 사실 음양오행으로 우주의 원리를 푸는 주역을 점 보는 책 정도로 생각하곤 하지만, 서구의 사원소설과 맥락은 같습니다. 그런데 그건 과학으로 생각하면서 음양오행은 미신으로 취급하는 겁니다.

사원소든 음양오행이든 지상의 모든 현상에 핵심 요소라고 파악하는 겁니다. 그래야 인간이 현상을 이해할 수 있기 때문이죠. 책상만 네발로 서는 게 아니라 우리 생각도 사원소와 같은 주요 요소에 의지해서 모든 것을 생각할 수 있는 겁니다. 신학, 철학, 과학뿐만 아니라 의사과학Pseudo-Science, 직관적 감성, 마음, 소위 정신의 과학이라고 할 수 있는 것도 이런 요소들이 필요합니다. 그걸 해낸 사람이 바로 프랑스 과학철학자 가스통 바슐라르Gaston Bachelard죠. 물·불·공기·흙으로 모든 문학, 우리들의 상상력, 상징의 세계를 과학적으로 분석해냈습니다.

그런데 과학이 발달하면서 보니, 이게 단순히 관념이 아니었던 거예요. 예를 들면 실제 물질을 과학적으로 분석해보니, 모든 물질은 프로톤, 뉴트론, 일렉트론 그리고 뉴트리노의 네 가지 입자로 구성되어 있었어요. 이걸 기하학적으로 표현한 것이 사각형인 겁니다. 그래서 사각형은 인간이 만들어낸 모든 것, 문명과 과학을 상징합니다. 사각형을 '열 십十' 자로 나눈 모양을 떠올려봐요. '밭 전田' 자죠. 이건 자연이 아니라 인간이 일군 밭입니다. 인간의 문화가 생겨난 것이에요. 도시로 치자면 하나의 구획이고, 도시의 한 구획을 이르는 이름이 그래서 4분의 1, 혹은 4를 나타내는 '쿼터'인 겁니다.

인간의 문명을 시각적으로 보여주는 건축학에서도 기본은

사각형입니다. 요즘은 건축물의 모양이 다양해졌지만 오늘날 건축이론의 고전이 된 『건축에 관해서Da Architechura』를 쓴 고대 로마의 유명한 건축가 비트루비우스Vitruvius도 사각형을 '열 십' 자로 나누는 'quaterature'라는 고대 건축의 기본 개념을 만들어냈습니다.

8이나 4가 안정과 확고함을 나타내는 숫자라면 이와 정반대 자리에 놓여 있는 것이 숫자 5, 다섯입니다. 숫자는 손가락에서 비롯되었는데, 손가락은 모두 5개니까 5에서 한 번 꺾입니다. 우리가 한 손으로 숫자를 헤아리면 엄지부터 접어서 다섯 손가락을 다 접고 6이 되고 다시 펴기 시작합니다. 물론 나라마다 손가락으로 수를 세는 방법이 다르겠지만 5에서 한 번 꺾이는 것은 크게 다르지 않을 것으로 생각합니다. 한 번 꺾이는 숫자 5, 그래서 5에서부터 새로운 문자가 생기는 겁니다. 로마자는 V자이고 한자로는 '다섯 오五' 자, 이 둘을 보면 둘 다 공통적으로 위아래 선 2개의 평행선 긋고 그 사이에 선을 교차시키거나 꺾는 방식입니다. 지금은 '다섯 오' 자 모양이 좀 바뀌었지만 예전에 쓰던 '다섯 오(𡘜)' 자는 가운데 모양이 엑스 자에 더 가깝지요.

이것은 무엇을 의미할까요? 천지가 뒤바뀌는 것, 음양이

뒤바뀌는 것을 의미합니다. 그래서 5에서는 모든 것들이 갈라집니다. 그래서 우리는 다섯 이상으로 넘어가려 하지 않았습니다. 음악은 궁상각치우, 오음계, 방향도 동서남북에 중앙, 물질과 우주의 근본 오행, 색깔도 흑백적황청, 유교의 오례, 인의예지신, 맛도 오미, 감각도 오감, 모든 것을 5개로 구분했습니다. 그 이상을 넘어가면 복잡하고 무질서해서 우리가 인식하기가 힘들기 때문입니다. 까마귀는 넷까지는 인식한다고 했잖아요? 인간은 다섯까지 생각할 수 있었던 거예요. 그런데 그 하나 차이가 인간과 동물, 야만과 문명을 가른 거죠.

그래서 이 다섯은 문명, 혹은 창조의 도구가 될 수 있습니다. 가령 음악을 보세요. 음악은 흐름입니다. 거기에 어떻게 딱 떨어지는 오음이 있을 수 있겠어요? 그런데 오음계를 이용해 자연의 소리가 아닌 인간의 음악을 만들 수 있게 됩니다. 서양 사람들은 7개로 나누는데, 그 가운데 다섯 음은 반음을 가지죠. 즉, 5개만이 온음이라는 이야기입니다. 피아노 건반을 생각해보세요. 검은 건반이 파와 솔, 시와 도 사이에는 없습니다. 수학은 숫자의 학문이지만 생각의 단위를 어떻게 쪼개느냐에 따라 정신의 과학이라고 할 수 있는 인문학도 생겨납니다. 그래서 어쩌면 숫자는 마술을 품은 과학의 시일지 모릅니다.

5 하면 형상적으로는 어때요? 별이 떠오르지 않나요? 옛

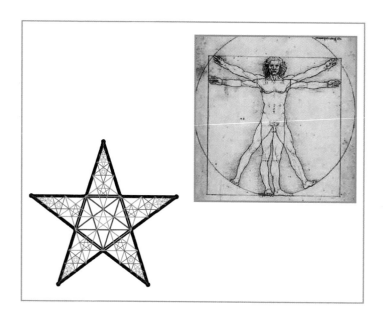

날 한국 사람들은 별을 동그랗게 그렸습니다. 하늘에 있는 것이고, 또 빛이 나니까 태양과 마찬가지로 동그라미로 생각한 겁니다. 그런데 서양에서는 오각형, 즉 펜타곤으로 그렸습니다. 서양의 별은 두 가지 의미가 있습니다. 영어의 'Consider (고려하다, 생각하다)'라는 이 말은 문학적으로 별을 관찰한다[(Con+Sidereal(Star), 성운을 뜻하는 말인 'Constellation'과도 어원을 같이 한다]는 뜻입니다. 무슨 말이냐면 인간은 별을 보면서 인간들이 생각을 하며 이야기를 지어냈다는 거죠. 별자리에는 수많은 신화 이야기가 전해지지 않습니까? 인간은 지상만이 아니라 천상을 꿈꾸는 그런 존재였던 겁니다.

짐승들은 네발로 기어 다니니까 하늘을 볼 수 없습니다. 그러나 인간들은 두 발로 일어섰기 때문에 고개를 치켜들고 하늘을 볼 수 있었습니다. 하늘에는 해, 달, 별이 있어요. 그 별 모양을 사람과 비슷하다고 생각한 거죠. 별에는 뿔이 5개 있잖아요? 제일 위에 있는 게 머리, 양쪽에 있는 것이 벌리고 있는 양팔, 그리고 밑에 갈라져 있는 것이 두 다리. 르네상스 무렵에 그려진 인체도의 각 끝을 선으로 이어주면 바로 별모양이 됩니다. 동양 역시 인간을 소우주로 보았지만 서구의 인식은 훨씬 구체적이고 감각적이지요. 이게 문화적 차이를 만든 겁니다.

또한 5는 움직임을 만들어내는 변화를 나타냅니다. 4라는 안정된 상태에서 새로운 움직임을 낳습니다. 피라미드가 그런 예입니다. 사각형 위에 꼭짓점이 있죠. 머무름이 없는 활동력을 가지고 모든 것을 한층 더 진보시켜 나가는 기능을 나타냅니다. 4의 물질세계에서 5는 지성을 가진 인간의 출현을 의미합니다. 다양한 사색, 마음의 불안정함, 체험에 의한 배움, 변화를 추구하는 자유를 상징하지요. 지적 호기심, 모험하는 용기, 인간의 오감, 모두 인간의 특별한 능력을 의미합니다. 5는 모든 것을 변화시켜, 활발하게 만드는 특징을 가지고 있기 때문에 사물을 움직이는 에너지나 파워와 결부되어왔습니다. 피라미드 내부의 특별한 에너지가 있다는 등의 이야기도 그렇고, 미국 군사력의 상징인 국방부의 설계를 오각형으로 한 것도 그런 의미가 있습니다. 중국의 오행사상과 마찬가지로 인도에서는 공·풍·화·지·수를 5대 요소라 해서 인도 철학의 베이스가 됩니다. '카발라'에서 5는 '공정'을 의미하고 선악을 판단하는 힘이나 인식하는 마인드의 파워로 여깁니다. 힘을 상징하는 만큼 그것의 대칭적 개념인 공포를 나타내는 수라고도 하지요.

✳ 완전한 조화와 우주적인 힘 9

　8의 다음 숫자는 9입니다. 모든 숫자는 9에서 완성되죠. 10은 1과 0을 합친 것으로 다시 1로 되돌아옵니다. 동양에서는 마주 보고 있는 8괘의 수를 더하면 9가 되기 때문에 8을 꽉 찬 숫자로 칩니다. 또, 아라비아 숫자로 6과 9가 서로 뒤집은 모양이 되어 우리 사고에서 9는 여러 가지 응용과 변화를 줄 수 있는 숫자로 여기게 되었습니다. 단테의 『신곡』에서 보면 삼위일체의 변용으로 9를 아주 신비한 숫자로 쓰고 있습니다. 단테는 9살 때 처음으로 교회에서 베아트리체를 만나게 되고, 9년 후에 다리에서 베아트리체를 다시 만나게 됩니다. 그리고 베아트리체가 은행가 큰 부잣집으로 시집을 가서 단테에게 상처를 주고는 23살에 죽는데, 그해가 바로 1290년입니다.

　동양에서는 서양의 '럭키세븐'만큼이나 이 9를 대단히 길한 숫자로 봅니다. 꽉 찬 숫자이기 때문에 수에서는 최고의

의미를 갖는다고 생각했던 거죠. 조선 후기의 학자 이원구李元龜가 인간의 심성心性 문제를 인식론적으로 다룬 『심성론心性論』에서 기본적 개념을 구도九道, 육사六事로 설명한 것도 그 때문입니다. 우리의 의식 속에서 9개의 도와 6개의 사물의 분할로 주역의 세계를 응용한 것입니다. 그래서 일상 세계가 운행되는 것도 이 두 가지 수가 자아내는 것이라고 설명했습니다. 그래서 조선 시대에는 인간의 일을 다루는 국가기구가 육조로 되어 있었던 거죠.

이처럼 9는 완성으로 모든 것의 결실, 완결을 나타냅니다. 하지만 완결과 동시에 다음 시작의 준비를 내포하고 있는 수라고 할 수 있습니다. 즉 완성된 것과 새롭게 시작되는 것의 다리 역할을 하는 것으로 변화나 변용에 그치지 않고 사역이나 재생력을 상징합니다. 결코 쉬는 일이 없이 새로움을 계속 낳는 불가사의한 숫자인 거죠. 언어학적으로도 프랑스어, 독일어, 스페인어의 '새롭다'와 '9'는 언어적으로 공통성이 있고, 9의 불안정한 요소와 새로움을 지향하는 움직임을 나타내고 있어요.

또한 9는 그 수 안에 모든 수를 포함하고 있어서 통합을 의미하기도 합니다. 우주에서의 완전한 조화나 우주적인 힘을 상징하는 것으로 불교에서는 태장계 만다라, 금강계 만다라를 나타내죠. 구르지예프 등의 신비주의에서는 애니어그램 등 9각형의 도형으로 인간이나 우주의 진리를 오랜 세월에 걸쳐 연구해왔습니다. 그리스에서도 9는 매우 신성한 숫자, 마력이 있는 숫자로서 숭배되어 왔습니다. '카발라'에서 9는 기초를 의미하고 모든 것의 기초 요소로 전능한 것, 근원이 되는 것으로 보고 생식기나 성적인 것과도 결부되어왔습니다.

수비학

수비학數秘學은 고대 바빌로니아에서 발전한 수의 신비를 연구한 학문이다. 후에 그리스의 철학자이자 수학자인 피타고라스가 지금과 같은 시스템으로 체계를 세웠는데 그는 이렇게 얘기했다.

"이 세상의 것은 모두 숫자로 나타낼 수 있다. 그 숫자의 진정한 의미를 이해하면 그 배후에 있는 숨겨진 진실을 알 수 있다."

피타고라스는 '우주의 만물은 모두 진동하고 있다'는 것을 '수비학'의 기초 이론으로 삼았다. 즉 숫자는 하나하나가 다른 진동이나 의미를 가진 존재로 엄청난 힘과 알 수 없는 가능성을 내포하고 있다는 것이다. 그 진동을 숫자에 변환시키면 각각의 성질이나 의미를 알 수 있다고 생각해 이를 끈질기게 탐구했다. 수는 세계 만물의 근원으로 숫자 하나하나에는 각각의 의미가 있고, 비의적秘儀的인 요소를 포함하고 있기 때문에 우리도 모르는 사이에 우리들의 인생에 큰 영향을 주고 있다고 생각한 것이다.

여기에 그의 수 철학을 한층 더 깊게 한 것은 고대의 동방에 전해지는 비의秘儀, 즉 카발라다. 이것은 비밀스러운 종교의식의 하나로 아주 오래전부터 유대의 선택된 사람들에게만 전해져왔다는 비밀의 가르침인데, 이집트의 신관으로부터 직접 전수되었다고 한다. 즉 '수비학' 연구는 여러 시대에 걸쳐, 신학, 연금술, 점성술, 타로 등 신비주의와 결합해 그 의미를 계속 확대해왔다.

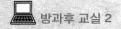

마방진

자, 그럼 이 9라고 하는 수가 완성되었으니까 그것을 가지고 숫자의 신비한 놀이를 해보자. 세상에는 자연이 아니라 인간의 세계에는 인간의 머리로 만들어진 음악, 언어, 시, 숫자처럼 논리로는 설명할 수 없는 신비한 것들이 있다. 이 모든 것을 활용해 창조의 기본, 마방진魔方陣을 만들어보도록 하자. 마방진의 '方' 자는 정사각형, '陣'은 나열한다는 뜻이다. 일단 네모난 사각형을 그린다. 그걸 가로세로 3칸씩 분할을 해서 총 9개의 빈칸을 만든다. 각 칸마다 1, 2, 3, 4, 5, 6, 7, 8, 9를 점으로 찍어 각 칸에 넣되, 가로, 세로, 사선으로 읽어도 전부가 아홉으로 끝나는 마방진을 만들어본다. 완성된 마방진에 1, 2점을 찍어서 선으로 이으면 아주 아름다운 기하학적 도형이 생겨나는데, 그것들을 숫자로 써놓으면 마방진이 되는 것이다.

이러한 마방진을 서양에서는 매직 스퀘어Magic Square라고 부르는데, 옛날 사람들이 신비로움을 느껴 마귀를 쫓는 부적으로도 사용했다고 한다. '동양의 팔괘도'도 마주 보고 있는 괘들의 숫자를 더하면 모두 9가 된다. 이런 숫자놀이는 정말 신기한 것이다. 자연에는 없지만 우리가 숫자로, 관념으로 만들어 낸 창조적인 질서이자 숫자의 우주인 것이다. 이런 것이 창조의 한 모티브가 될 수 있다. 누구나 할 수 있는 창조의 세계란 무엇인가? 자연에는 없는 질서를 우리 머릿속에서 새롭게 만들어내는 것이다. 나만의 우주를 만들어낸다는 것이다

여섯째 허들

상대성과 관계성의 숫자 2

이번엔 2다. 2는 어떤 사물이나 현상을 2개로 갈라놓는 것으로 생각할 수도 있지만, 둘에서 비로소 숫자나 모든 의미가 생겨난다. 둘은 1과 0의 디지털 언어이고 동시에 동양의 음양사상이다. 유한과 무한, 단수와 복수, 기수와 우수, 우와 좌, 정과 동, 직선과 곡선 등 복잡한 이 세상을 질서정연한 하나의 우주를 이해할 수 있게 만든다. 우리에게 둘이라는 숫자가 없었으면 우리는 이 세상을 이해할 수 없을 것이다.

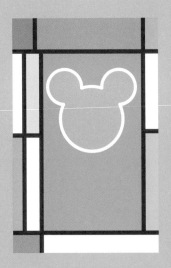

✸ 분화하면서도 합쳐지는 세계 2

8020의 두 번째 숫자, 2는 어떤 사물이나 현상을 2개로 갈라놓는 것으로 생각할 수도 있지만, 2를 8처럼 뫼비우스의 띠로 본다면 달라져요. 선 대 악, 여름 대 겨울, 낮 대 밤 등 이런 것을 보통 모두 서로를 배제하는 이항대립으로 봅니다. 그런데 그것을 뫼비우스의 띠처럼 영원의 8자로 생각하면 밤과 낮이 안과 겉 없이 이어지고, 여름이 지나면 겨울이 오는 연속성으로 보게 만듭니다. 이것은 대립이 아닌 연속성입니다. 연속성!

이렇게 2, 둘에서 비로소 숫자나 모든 의미가 생겨납니다. 하나는 비교가 안 되지만 둘은 나눌 수도 있고 비교할 수도 있습니다. 동양과 서양은 문화의 뿌리가 다르기 때문에 숫자뿐만 아니라 여러 가지 생각의 차이가 있지만 2라는 숫자에서만큼은 동서의 구분이 따로 없습니다. 가령 피타고라스를 생각해보면, '수학의 원조'라기보다 동서양을 통틀어 '모든

상대성과 관계성의 숫자 2

인간은 원래 생각이 다 똑같았다'는 것을 보여준 최초의 지식인이라고 할 수 있습니다. 피타고라스는 동양의 음양사상과 똑같이 '2개라고 하는 것은 서로 다른 것이고 또 짝을 이루는 것'이라고 하면서 지상 모든 것을 둘로 나눌 수 있다고 생각했습니다.

동양사상도 마찬가지입니다. 노자의 『도덕경』을 보면, "하나에서 둘이 생긴다." 어떻게 하나에서 둘이 생기는지 말이 안 된다고 생각할지 모르지만 둘은 하나, 하나가 모여 둘이 되는 게 아니라 하나가 쪼개져서 둘이 되는 겁니다. 그러니까 세상 모든 것이 둘로 나눠질 수 있는 겁니다. 이게 음양사상입니다. 예를 들어 젓가락 하나를 꺾으면 둘이 되지요. 이 각각을 또 둘로 계속 나눠가는 겁니다. 그러면 무한의 숫자가 생겨나겠죠. 이렇게 이 세상 모든 만물을 쪼개고, 쪼갠 것을 또 합치고, 오늘날의 수학 이전에 생각을 쪼개고 합치는 것에서 음양사상이 나타난 것입니다. 이것이 서양에서는 짝수고, 동양에서는 태극, 음양사상이 되는 겁니다.

컴퓨터는 1과 0으로 모든 걸 기록할 수 있습니다. 바로 디지털문화이고 음양사상입니다. 디지털의 원one과 제로, 즉 피타고라스가 얘기하는 2개의 대립하는 짝으로 보면 세상이 확연해집니다. 유한과 무한, 단수와 복수, 기수와 우수, 우와 좌, 정과 동, 직선과 곡선 등등 이 세상이 복잡하게 많은 것 같아도 정리가 되어 질서정연한 하나의 우주를 생각할 수 있지요.

삼라만상 무한한 우주를 음과 양으로 나누면 인식할 수 있습니다. 그러니까 우리는 둘이라는 숫자가 없었으면 부부, 남녀, 빛과 어둠 등을 의식할 수 없었겠죠. 우리 머리 자체가 이미 디지털화되어 있는 겁니다.

그런가 하면 이 둘이라고 하는 숫자는 언제고 하나로 통합할 수가 있어요. 그러니까 분열이 되고 분할이 되지만 또 원초적으로 돌아가서 하나가 될 수 있어요. 그리고 동전 같은 것을 보면 동전은 겉과 안으로 되어 있어서 상반된 둘로 존재하지만 세워서 보면 하나가 됩니다. 물질 그 자체는 하나인 거죠. 양면이 있을 뿐. 하나이면서도 양면성을 가진 것. 그래서 둘은 영어로는 'Duality', 또는 'Binary Opposition'이라고도 표현합니다. 오늘날 컴퓨터에서 정보량을 재는 기본 단

『도덕경道德經』
『도덕경』은 중국 한대漢代에 등장한 도가의 경전으로 저자는 '노자老子'로 알려져 있다. 사마천에 따르면 노자는 기원전 6세기 주나라에서 장서를 관리하는 사관이었다고 한다. 하지만 19세기 들어서 노자가 실존하는 특정 인물이 아닐 거라는 의심이 퍼지고 있다. 『도덕경』에는 그것이 쓰인 때를 짐작할 만한 인물이나 사건, 장소가 등장하지 않아 그 저술 연대도 매우 광범위하다. 『도덕경』은 '무위無爲'의 도道를 강조하며 모든 일이 자연스럽게 본성대로 흘러가도록 놓아두는 불간섭을 표방한다.
"하나에서 둘이 나온다(一生二)"는 『도덕경』 42장에 나오는 것으로 '道生一, 一生二, 二生三, 三生萬物' 도道에서 하나가 생기고, 하나에서 둘이 생기고, 둘에서 셋이 생긴다. 그리고 셋에서 만물이 생긴다"는 구절에서 유래했다.

위로 쓰이는 비트^{Bit}라고 하는 말이 바로 'Binary Opposite' 의 약자입니다. 그러니까 어마어마한 양의 정보를 다루는 오늘날도 아주 원초적인 옛날 서양의 피타고라스나 동양의 음양사상과 인식하는 형태는 비슷한 셈이죠. 다만 서양 문명은 물질적이고 개수적, 계량적인 것의 숫자로 나아간 것이고 동양 문명은 음양이라고 하는 언어로 나간 정도의 차이가 있는 것이죠.

그러니까 사실 태극기의 태극 문양은 한국 국기로만 볼 수 없습니다. 만약 인류가 나라의 경계 없이 통합되어 국기를 만든다고 하면 유엔기가 아니라 태극기를 써야 하는 겁니다. 태극기에 얽힌 재미있는 일화가 있습니다. 지금 태극기는 통합된 세계를 나타내는 깃발이다, 그랬잖아요? 그런데 태극기가 분단국을 나타내기도 하더라는 겁니다. 제가 외국에 갔을 때, 외국인이 태극기의 태극을 보더니 "빨간 것은 북쪽이고 파란 것은 한국이냐?"며 분단을 나타내는 줄 알았다는 겁니다. 통합이 분단이기도 한 재미있는 역설이지요?

또 한 번은 국가 초청으로 영국을 방문했을 때 돌체스터에 갔는데, 저를 환영한다며 식탁에 태극기를 올려놓았더군요. 돌체스터는 소박하고 조그만 시골 동네지만 토머스 하디가 쓴 『테스』의 무대로 유명한 마을입니다. 그 책에 감동의 여운이 남아 가보고 싶었는데, 조그만 음식점 식탁에 난생처음 보는 태극기가 놓여 있으니까 어느 나라 국기인지 마을 사람들끼리 내기를 했나 봐요. 옛날 자기 나라 식민지였던 아프리카의 어느 나라일 거라는 사람, 아니다, 동양 어디일 거라는 사람으로 나뉘었답니다. 제가 들어가니까 동양일 거라고 했던 사람들이 손뼉을 치고 탄성을 지르더군요. 태극기를 두고 두 패로 나뉘어 내기를 한 것도 재미있었는데, 어떤 사람이 다가와서 태극의 뜻을 물어 당황한 기억이 납니다.

모든 이항대립은 'Binary'라는 이원체, 두 가지로 구성된 것입니다. 양극으로 분화하면서도 하나가 되는 전체를 나타내는데 빛과 그림자, 그늘과 햇빛, 남자와 여자, 강함과 약함, 뜨거움과 차가움, 밝음과 어둠 등. 보이는 것 뒤에 감춰진 것이나 숨은 것, 안에 있는 것이나 상반되는 것도 동시에 나타냅니다. 즉 이원적인 관점, 상대와 대립, 조화와 부조화와도 결부되어왔습니다. 양면성이나 일구이언을 보면 일종에 '네거티브'를 나타낸다고 할 수 있지요. 그래서 '카발라'에서 2는 부성적인 힘과 대척점에 놓여 있는 모성적인 지혜나 교양, 심층 심리나 감춰진 힘을 나타냅니다.

둘은 또한 관계성을 나타내는 것으로 상대相對를 나타냅니다. 아我, self와 비아非我, Non-Self는 하나였던 것이 둘로 분리된 것으로 유일한 절대적인 존재가 양극으로 분화된 상태입니다. 그것은 자신을 비추는 거울을 의미해서 스스로를 안다고 하는 의식의 시작을 상징하는 '지혜의 수'라고 하기도 합니다. 또한 서로 상대적 가치가 대립하면서 동시에 함께하므로 상대적 가치를 인정하고 받아들이는 유연함, 융합, 상대를 배려하는 애정이나 수용성 등을 내포하기도 합니다. 왜냐하면 짚신도 짝이 있다는 말처럼 정반대되면서도 서로 모자란 것을 보충하는 것이 모성적 포용을 보여주기 때문입니다. 그래서 제2의 원소인 물水이나 여성적 원리의 상징이라고도 할 수 있어요.

✳ 하나에서 둘이 나온다 1

    1이라는 숫자는 하나의 모나드, 모든 것의 근본이 되는 것, 시작이 되는 것입니다. 피타고라스를 비롯한 고대 서양의 철학자들이 하나인 존재One, 제1존재First Being로서의 신God을 지칭하기 위해 이 '1'을 사용했는데 모든 것의 근본이 되는 것, 시작이 되는 것을 의미합니다. 그래서 사실 '1'이라는 건 생각할 수 없습니다. '1'을 생각하면, '1'과 '1'을 생각하는 존재로 벌써 둘이 되기 때문입니다. 그러니까 우리는 '1' 속으로 들어갈 수밖에 없습니다. '1'이라는 숫자처럼 그 자체로 신비한 것은 없습니다.

    동양의 태극은 음양, 둘로 갈라지잖아요. 그런데 갈라지기 이전을 생각해보십시오. 가장 원초적인 것, 생명을 낳은 근원, 최초의 태양과 같은 것이 됩니다. 1은 모든 숫자의 모체로 숫자 각각의 주요한 원인으로 모든 일의 시작을 나타냅니다. 또 1은 유有도 아니고 무無도 아닌 상태로부터 최초의 충

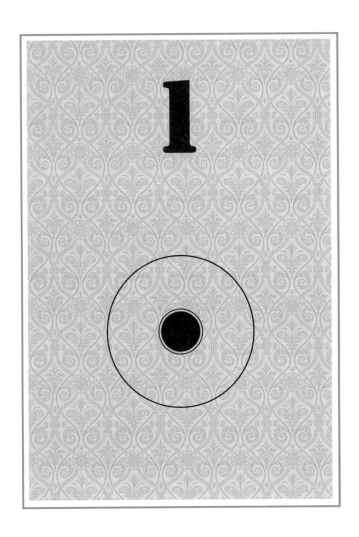

동(1음)을 낳은 원인으로 이 우주를 창조한 의지를 상징하는 수가 되는 겁니다. 추상적인 것 같지만 산수에서 1은 1에 1을 곱해도 1입니다. 1 나누기 1을 해도 1입니다. 다른 숫자는 곱하거나 나누면 엄청난 차이가 나는데, 1은 곱해도 나눠도 똑같이 1입니다. 그렇기 때문에 그것은 "하나의 숫자라기보다 모든 숫자를 포함한 또 모든 숫자가 시작되는 근원점, 중심점이다." 이렇게 말할 수 있어요.

숫자에서 벗어나 첫째라는 것. 제1인자 또는 유일자, 하나밖에 없는 것, 즉 'Only One.' 이게 무엇입니까? 이것은 모든 숫자의 시작일 뿐만 아니라 우리 생각의 근원이 되잖아요. 바로 'Only One'이라고 하는 그 점에서 기준을 두고 세상을 바라보잖아요. 그러니 유일한 존재로 '절대'를 나타내는 1은 참으로 고독한 수입니다.

1은 그 형태가 어떻습니까? 쭉 뻗었잖아요. 자립과 꼿꼿한 자질을 가지고 있기 때문에 지배적인 힘이나 통솔적인 힘과 결부되어왔습니다. 새로운 질서를 낳고 정점에 서는 것을 의미하고, 제일 원소인 불火이나 남성적인 원리의 상징이라고도 봤습니다. 유대교, 그리스도교, 이슬람교 등의 전통에서 1은 유일, 절대의 존재인 신을 의미하고, 유일한 신성함 속의 완전성을 나타냈습니다. 그런데 다신교인 그리스의 전통에서는 1은 신성함보다는 차원을 가지지 않는 점으로부터 차원을 넘어선 영원으로까지 정의되고 있어요. 카발라에서 1은 왕관을

의미하고, 다른 숫자 위에 군림하면서 지배하는 힘을 가지는
있는 최고인 것, 즉 신의 의지로 파악되지요.

☀ 두 개의 대립을 넘어서는 창조성 3

　3은 한국 사람이 제일 좋아하는 숫자지요. 내기를 해도 삼세 번, 만세도 삼창, 서당 개도 3년이잖아요. 3은 어떤 아이콘으로 나타낼 때 2와의 차이가 아주 분명해지는데, 삼태극이라는 것이 있습니다. 보통 태극선에 삼태극을 그리는데, 보통 태극은 음양이지만 삼태극은 천지인을 나타내는 것으로 색깔로 보더라고 빨강, 파랑, 노랑 세 가지입니다. 삼원색이죠. 태극과 삼태극 사상은 같은데 뭐가 차이냐면 태극 사상은 인간과 관계없는 자연의 이치, 우주의 이치만이지만 삼태극은 거기에 사람이 들어간 겁니다. 그러니까 삼분할이냐 이분할이냐는 인간의 시점이 들어가느냐 안 들어가느냐의 차이인 겁니다. 이런 점에서 삼태극 사상은 천지인 사상과 같은 것이지요.

　천지인, 이것은 하늘, 땅, 사람이 하나가 되는 것, 기독교의 삼위일체 사상과 같은 겁니다. 농경 문화권이었던 동양에서

농사를 지을 때 하늘이 돕지 않으면, 즉 비가 내리지 않으면 곡식이 자라지 않죠. 그리고 아무리 비가 와도 땅이 없으면 곡식을 심을 수 있나요? 거기에 사람이 없으면 그건 곡식이 아닙니다. 그냥 풀, 산천초목, 자연인 거죠. 사람이 있으므로 밭을 가꾸고 일굽니다. 천지는 자연이지만 거기에 사람이 있음으로써 천지 사이에 또 하나의 세계가 만들어집니다. 하늘도 아니고 땅도 아니고 사람의, 문화, 문명을 가진 하나의 세계가 만들어지는 것이죠.

한편 3은 균형이기도 합니다. 다리가 2개 달린 의자는 설 수가 없어요. 셋이라야 '솥발'이라고 해서 안정되게 서 있을 수 있습니다. 삼국지가 그렇잖아요? 두 나라로 있으면 병합이 되든지, 분리가 되지만 셋이 되면 균형이 생김과 동시에 역동적인 구도가 나타납니다. 가위바위보처럼. 그래서 주먹과 보자기를 가지고는 어느 한쪽이 영원히 이기거나 영원히 갈라설 수 있지만 가위바위보 3개가 있으면 거기서 조화와 역동이 생깁니다. 기독교에서의 삼위일체 역시 마찬가지입니다. 셋이지만 이것이 합쳐지면 하나요, 균형인 겁니다.

3은 삼위일체의 상징으로 종교나 신화에서 특히 많이 인용됩니다. 기독교의 아버지 하나님과 아들 예수, 성령, 신도神道의 세 종류의 신물, 힌두교의 세 분의 신, 그리스 신화의 세 여신, 바빌로니아의 창조 신화도 삼위일체로부터 시작됩니다. 또 '창조·유지·파괴', '시작·중간·끝', '과거·현재·미래', '어제·오늘·내일' 등 3요소로 묶을 수 있습니다. '카발라'에서 3은 지성을 의미합니다. 신성시되는 것을 이성적으로 판별할 수 있는 날카로운 지성, 영적인 세계의 완전성으로 파악됩니다. 3은 균형과 역동이 숨 쉬는 하나의 세계입니다.

기하학적으로도 그래요. 1은 점이고, 2는 선이고 3부터는 도형이 됩니다. 면이 생기죠. 하나의 세상인 겁니다. 그러니까 3이라는 것은 어떤 정신입니다. 특히 인간의 정신, 문명과 문화를 만든 인간의 정신 말입니다. 그래서 3은 방향성을 만들어내고 발전을 의미합니다. 3은 2개의 분리된 작용에 대항하는 3번째의 움직임을 나타내는 것으로 방향성을 낳습니다. 또 3은 상대, 대립하는 것에서부터 새로운 전개나 새로운 파워를 일으키는 상태를 의미합니다. 예를 들어볼까요? 너와 내가 둘입니다. 둘이 사랑하는 사이인데, 거기에 사람 하나가 나타나요. 이건 삼각관계죠. 분쟁이 생기겠죠. 강력한 파워와 파괴력을 낳는 상태지만 모든 일을 한층 더 발전시키는 창조적인 힘을 상징하기도 합니다. 삼각관계는 새로운 사랑을 낳기도 하니까요.

이렇게 3은 모든 것을 발전시키는 자질이 있어서, 창조적인 힘이나 파괴적인 힘과 결부되어 왔습니다. 2개의 대립을 넘는 파워나 창조성을 가집니다. 직선적인 세계에서 삼각형이라는 기하학적 도형으로 넓어집니다. 이것을 서양 문명에 적용하면, 피타고라스가 원과 삼각형을 포개어 수학적 원리를 찾아내는 기하학, 즉, 숫자의 드라마가 생겨나는 겁니다. 이제 수학의 세계와 마술의 세계가 함께 움직입니다. 마술이라는 것은 숫자로 제어할 수 없는 것, 숫자로 제어할 수 있는 숫자의 신비, 과학과 비과학의 뒤섞임이라고 할 수 있는, 소위 인문학의 통로가 생기는 겁니다.

　이렇게 보면, 인문학이라는 것은 마술입니다. 시 마술이고, 문학 마술입니다. 과학이 아닌 것이 마술인데, 과학을 상징하는 숫자에 신비가 있어요. 문명의 극단에 와 있는 21세기는 숫자와 언어의 세계로 끝없이 분할된, 갈가리 찢어진 산업주의 시대라고 하는데 이것을 다시 통합하려는 마술이 바로 여기서 비롯되는 것이지요.

숫자 1, 2, 3은 곱해도 더해도 모두 6이 됩니다. 연필은 왜 육각형일까요? 어떤 연필은 동그랗고, 어떤 것은 삼각, 혹은 사각도 있지만 대부분의 연필은 육각형입니다. 사실 연필을 잡을 때 가장 편한 것이 동그란 연필이죠. 하지만 동그라면 자꾸만 굴러떨어지죠. 지금은 별것 아니지만 옛날에는 연필심의 재료인 흑연이 굉장히 비쌌어요. 유럽이 한창 전쟁일 때, 흑연이 나오는 나라는 그걸 국책사업으로 삼기도 했습니다. 그렇게 귀한 건데, 연필이 자꾸 떨어져서 심이 부러지면 안 되니까 육각형 연필이 발명된 겁니다. 그런데, 왜 하필 육각형일까? 안 구르기로 따지면 사각형으로 만들면 그만인데. 하지만 이건 손가락으로 잡을 때 불편하지요. 그래서 결국 육각형이 된 겁니다.

자연을 보면 유난히 육각형의 모양이 많습니다. 눈의 결정체도 육각형이고, 물도 육각수가 가장 좋다고 하고. 동서남북

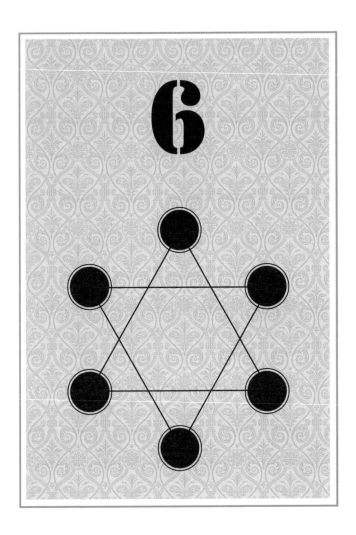

은 인간이 공간을 나누는 기준이었다면, 자연은 입체가 되니까 동서남북에 하늘 땅, 즉 위 아래까지 합쳐 모두 6개의 공간이 되죠. 숫자 가운데 가장 기본이 되는 1, 2, 3을 곱하거나 더해도 6이 되므로 수학적으로는 평형이나 붕괴됨이 없는 밸런스를 의미합니다. 측량 도수나 초, 분, 시 등 시간적 계측법이 60이나 그 배수로 쓰인 것도 그 때문입니다. 그래서 기하학의 아버지라고 할 수 있는 유클리드Euclid에 의해 최초의 완전수로 정의되는 등 완전한 조화를 상징한다고 합니다.

6은 양성과 음성의 조화를 나타내기도 합니다. 2개의 세계를 융합시키는 힘을 가지고 대립하는 것을 하나로 조화시키는 기능을 나타냅니다. 다윗의 별은 삼각형과 역삼각형을 포갠 모양인데, 바로 천상 세계로부터의 하강 에너지와 지상 세계로부터의 상승 에너지의 결합을 의미합니다. 즉 완전한 미와 조화로서 신과 인간과의 융합을 나타냅니다. 모든 것을 조화시키고 결합시키는 사랑의 의미도 있으므로 남성성과 여성성의 결합, 남녀의 완전한 조화인 결혼을 상징하기도 합니다. '카발라'에서 6은 '미美'를 의미하고 주위의 것들과 조화를 이룬 아름다움을 나타냅니다.

자연에서 우리가 볼 수 있는 육각형 모양에는 뭐가 있을까? 벌집! 벌집은 육각형입니다. 안은 꿀을 채우기 위해 비어 있는데, 육각형입니다. 그런데, 이 육각형이 구조물 중에서 가장 강합니다. 속이 비어 있어도 자기 형태를 유지할 수 있는 가장 강한 형태죠. 아름다운 결정체에서부터 꿀벌의 집까지 여섯이라는 숫자는 하나의 자연물들이 가지고 있는 가장 아름다운 질서를 나타냅니다. 무엇보다 안정감을 주죠. 그래서 잘 구르지 않는 연필의 기본형이 될 수 있었던 겁니다.

6 다음으로 오는 숫자 7은 우리에겐 '럭키세븐'이라는 별칭으로 친숙합니다. 7은 무지개의 일곱 가지 색을 비롯해 '월화수목금토일'의 일주일, '도레미파솔라시도'의 7음계 등이 떠오릅니다. 하나님이 이 세상을 7일에 걸쳐 만들었다는 구약의 이야기 등 특히 유대 기독계에서 7은 많은 의미를 가집니다. 요한계시록에 등장하는 7금 촛대는 교회가 갖춰야 할 7개의 미덕(은혜·생명·양자·간구·성결·진리·영광)이 초처럼 밝게 빛나야 비로소 성령의 능력이 드러난다는 것을 의미합니다. 이것은 교회뿐만 아니라 기독교도들 개개인이 지녀야 하는 덕성이기도 합니다. 하지만 또 정반대로 우리가 신에게 나가지 못하게 하는 죄도 7개(폭식·탐욕·교만·분노·시기·호색·나태)로 정해놓았습니다.

이 밖에도 묵시록에는 수많은 키워드가 7종류씩 연속해서 등장하는데, 성경에서 7은 신성하고 영적인 힘의 상징이라고

상대성과 관계성의 숫자 2

할 수 있습니다. 도교나 불교에서도 7은 자주 등장합니다. 석가모니가 마야 부인에게서 처음 태어나 일곱 걸음을 걸은 후 "천상천하 유아독존"이라고 했다는 것만 보아도 일곱 걸음은 우리 삶을 압축한 것으로 볼 수 있습니다. 우리나라 불교가 토속화되면서 절 한쪽에 자리 잡은 칠성각은 도교의 흔적입니다. 도교는 북두칠성을 우주의 시계로 생각해서 이것을 가장 중요하게 생각했던 겁니다.

이렇게 7이 각별히 종교와 인연이 많은 것은 신성한 3과 현세적인 4가 합쳐져서 이루어진 것과 관련이 있을 듯합니다. 종교야말로 현세와 신성이 만나는 것이니까요. 그런데 이 두 가지가 만나면 어떻게 됩니까? 인간이 신성을 가짐으로써 큰 비약을 하게 되는 거죠. 7은 완성된 상태이면서 동시에 한 주기의 마지막으로 다음에 올 변화의 새로운 비약을 내포하고 있습니다. 그래서 고대 켈트족은 7을 불가사의한 힘, 영적인 힘, 치료적인 힘 등을 갖고 있는 특별한 숫자로 믿었다고 합니다. 고대 바빌로니아에서는 영혼이 하늘에 이르기 전에 7개의 혹성을 거쳐 승천하는 것이라고 믿었다고 합니다. 모두 어떤 초월적 신성을 담고 있지요.

7은 보다 좋은 것이나 보다 높은 것을 요구하는 자질을 가지고 있어서 지혜나 진리, 정신이나 신비와 연결되어 왔는데, 이것은 혼돈된 속에서 완벽한 것을 찾아내는 힘으로써 우주의 이치, 예언, 명상, 진리의 상징이라고 할 수 있지요. '카발

라'에서 7은 '승리'를 의미하고 곤란을 극복해서 얻는 승리나
힘을 상징합니다.

숫자 2

1에서 2가 나온다. 반면 나와 너는 항상 상대적인 것이다. 그래서 짝수다. 혼자서는 결혼하지 못한다. 혼자서는 아이도 낳지 못한다. 짝이 있어야 한다. 그런데, 둘을 나타내는 재미난 한국말이 있다.

"둘이 먹다 하나가 죽어도 모른다."

둘이 먹는데 맛이 없으면 둘이다. 그런데 너무 맛이 있어서 그 맛에 완전히 빠져버리면 먹을 것과 나와의 관계가 없어진다. 내가 나 속에 매몰해버리니 상대가 없어지는 것이다. 그러니까 '자아에 매몰한다'고 한다. 내가 내 속에 빠져들었을 때는 세계든 다른 사람이든 보이지 않는다. 내 안에 모든 것이 흡수되어 버린 것이다. 그러니까 아주 맛있을 때, 너를 잊어버릴 만큼 무언가 충만해있을 때, 그건 하나가 되는 것이다. 신의 경지다. 즉 내가 나를 벗어나 나를 이길 수 있을 때, 내가 내 속에서 충만해진다면, 모든 것을 내 안에 끌어들일 수 있다면 그것은 신의 경지인 것이다. 둘이 먹다 하나가 죽어도 모르는 세계, 그것이야말로 절대적 자아의 세계다.

서구에서 최고의 가치로 치는 개인은 하나의 개체를 의미한다. 개인individual이라는 말은 부정을 나타내는 접두어 In과 나눈다는 뜻의 'Divide'가 합쳐져 만들어진 말로 더 이상 쪼갤 수 없는 것을 의미한다. 하지만 동양의 최고 미덕으로 치는 인仁은 사람人이 둘二이다. 그렇기 때문에 나 혼자, 절대의 나가 아니라 상대의 나, 내가 너를 생각하고 네가 나를 생각해주는 것을 공동체의 문화를 의미한다. 요즘 말하는 쌍방향Interactivity, 상호작용Interaction은 둘의 세계, 짝의 세계를 뜻하니까 동양적 가치가 대세로 떠오르는 셈이다.

숫자 1

하나라는 것은 셀 수 없는 것을 의미한다. 왜? 내가 하나라는 것을 의식할 때는 벌써 나와 나를 인식하고 있는 나가 있다는 것을 암시하기 때문에 이미 둘이 되기 때문이다. 그러니까 하나는 절대적인 것이다. 신! 하나밖에 없는 것, 즉 1은 숫자가 아니고 모든 것의 시초다. 옛날 초등학교 교과서에 돼지 형제가 강을 건너는 얘기가 있었다. 7형제가 강을 건너는데 손을 잡고 다 건넌 후, 모두가 무사한지를 큰형이 세어보니 여섯밖에 없더라는 것이다. 7형제인데 아무리 세어도 여섯. 엄마 돼지가 강을 건널 때 조심하라고 했는데 집에 가면 어떻게 얘기해야 할지 앞이 캄캄해 돼지들은 슬피 운다. 지나가던 돼지가 우는 까닭을 묻고는 다시 세었더니 일곱이었다. 일곱이 맞는데, 왜 그러느냐고 하자 그제야 돼지들은 숫자를 세는 자신을 빼놓고 센 것을 알게 된다. 이 우화는 자신을 빼놓고 모든 것을 비판하는 어리석은 사람에 대한 비유인 셈이다.

과학이라는 것도 마찬가지다. 모든 과학에는 내가 빠져 있다. 그래야만 모든 걸 객관적으로 셀 수 있으니까. 과학에는 인간이라는 것이 들어갈 틈이 없다. 나라는 존재가 들어갈 수가 없다. 그래서 하나님은 하나밖에 없는 것. 상대적인 것보다는 절대라는 것이다. 우리는 흔히 '세다, 약하다'라는 말을 한다. 씨름을 해서 내가 이겼다고 해도 다시 나보다 더 센 사람과 하면 나는 진다. 그렇다면 나는 강한 사람일까? 약한 사람일까? 내가 '강하다 약하다'는 것은 언제나 나 아닌 다른 것이 있었을 때에야 비로소 알 수 있는 것이다. 그러나 신은 그렇지 않다. 하나는 그런 것이다.

숫자를 세는 나는 이 세상에 하나이니 셀 수 없다. 누군가가 세려면 나 아닌 사람이 세는 수밖에 없다. 그래서 숫자는 둘에서부터 시작한다. 1은 숫자가 아니고 시작이고 중심이고 터다. 거기서부터 '시작된다'고 하니까.

숫자 3

모든 세계가 아무리 복잡해도 둘로 나눌 수 있다. 너와 나! 그리고 여기서 셋도 생긴다. 너와 나를 이야기하려면 제3의 시선이 있어야 하기 때문이다. 이렇게 3이 태어난다. 노자의 말대로 1에서 2가 나오고 2에서 3이 나오는 것이다. 이렇게 해서 숫자의 세계가 나오고 거기에서 인간의 마음이 생겨난다. 3 이상은 아무리 많아도 결과적으로는 2와 3이다. 나머지는 모두 이 두 짝수와 홀수의 연장으로 번져가는 것이기 때문에 인간 세상의 가장 기본적인 단위는 2와 3이다.

반면 합일이라고 하는 1은 참으로 무서운 것이다. 하나님이라든지, 이 세상에 하나밖에 없는, 'Only One' 신 같은 존재가 되는 것이다. 나는 상대적인 존재가 아니라 이 세상에서 하나밖에 없는 존재다. 그러니 비교 불가능하다. 누군가와 비교한 나가 아니라 그저 '나'로 존재하면 1, 2, 3 등의 서열이 사라지고 각자 하나가 되는 것이다.

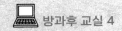

'Best One'이 되려 하지 말고 'Only One'이 되자.

우리 젊은이들이 가야 하는 길은
'Best One'의 길이 아니라 'Only One'의 길입니다.
남을 따라서 남과 경쟁하며 남이 부러워하고 시샘하는 'Best One'이 아닌 스스로가 선택하고 스스로가 좋아하는 자기 자신이 된, 바로 자기로 승리한 'Only One'의 길입니다.

"Only One은 외톨을 의미하는 것이 아니다. 이 세상에 하나밖에 없는 생명의 귀함, 그리고 그 독창적 삶을 뜻하는 말이다. …… 한 방향으로 달리면 일등은 하나밖에 없지만 360도의 제각기 다른 방향으로 달리면 360명이 모두 일등을 할 수가 있다. 그 경주가 이제 막 시작된 것이다."
- 『젊음의 탄생』에서

8020 이어령 명강

숫자는 단순히 셈만 하는 것이 아니라 하나의 문화다. 그래서 모든 문화권에는 좋아하는 숫자와 싫어하는 숫자가 있고 거기엔 갖가지 이유가 따른다. 좌뇌 영역의 숫자를 우뇌로 가져와 형태를 부여하고, 의미를 만들어 언어의 세계, 이름의 세계와 섞는 것이다. 창조를 통해 숫자와 언어의 세계를 결합하고 통합함으로써 우리는 다양한 상상을 할 수 있다. '8020 이어령 명강'이라는 이름은 이런 창조 정신을 구현한 이름이다. 숫자(8020)와 고유명사(이어령), 보통명사(명강)가 혼합된, 숫자와 언어의 세계가 섞여 있고, 삶과 사랑이 살아 있는 곳이다.

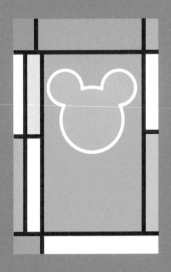

✳ 숫자는 문화다

자 이제 80 20 우리의 이야기를 하자

80대와 20대의 세대를 의미하는 말인가

갈등·충돌·화해

단지 그런 것만이라면 너무 흔하고 진부하지 않는가

또 다른 시간 또 다른 공간을 사유하자

8020의 숫자를 자유롭게 즐기고 소요하는 의미와

이미지의 해체

좌뇌만 쓰지 말고 잠든 우뇌를 깨워라

    우리는 앞에서 숫자의 세계, 이름의 세계 그리고 숫자와 이름이 혼용되는 세계에 대해 살펴보았습니다. 맨 앞으로 돌아가서 애초의 의도가 무엇이었는지 살펴볼까요? 우리는

'8020 이어령 명강'의 의미를 풀어보자고 했습니다. 이 명강은 우리가 살고 있는 세계, 회색빛의 숫자의 감옥에서 나가 생생하게 내가 나의 얼굴로 존재할 수 있게 해줄 거라고 했습니다. 과연 '8020 이어령 명강'이라는 이름 어디에 그런 의미가 숨어 있는지 하나하나 풀어가 보도록 하겠습니다. 8020 하면 사람들은 이야기할 것입니다.

"세대 이야기군! 2040세대 이야기하듯이 8020세대가 소통하는 자리라는 거잖아?"

어느 정도는 맞습니다. 제가 이제 80, 여기 모인 학생들이 20대인데, 이 두 세대가 모여 이야기를 나누잖아요. 나이 든 이는 꼰대, 젊은이들은 엄지족으로 나뉘어 서로 말도 안 통하고 문화도 다르다며 아예 담을 쌓고 있습니다. 정보통신 사회의 발달 때문에 세대 간의 격차는 연령층별로는 더 촘촘해지고, 세대차이는 더 깊고 넓게 벌어지고 있습니다. 이런 상황에서 80대 노인과 20대 젊은이들이 대화를 나눈다면, 오늘처럼 이렇게 앉아서 20대가 80대에게 배울 게 있다면, 20대한테 또 80대인 제가 물어볼 게 있다면 그 자체만으로도 의미가 있는 일이겠지요. 하지만 여태까지 『1Q84』, '386' 이야기했는데, 8020을 단순히 80세하고 20세 해버리면 너무 약하잖아요?

그러니 8020을 화두 삼아 또 다른 시간, 또 다른 공간을 사유해봅시다. 8020이라고 하는, 8020의 숫자를 자유롭게 즐기며 의미와 이미지를 해체해봅시다. 좌뇌만 쓰지 말고 우뇌도 쓰자는 것입니다. 숫자와 이야기를 섞어보자는 것입니다. 그리하여 한없이 분할만 하는 것이 아니라 다시 종합하고, 다시 거기에 영상과 음악까지 섞어보자는 것입니다.

냉혹한 숫자에도 합리를 뛰어넘는
광기와 열정과 어둠이 있다.

한국의 아파트 층에는 4자가 없고
일본의 아파트 층에는 9자가 없고
유럽의 호텔이나 병실에는 13번이 없다.

서양인들은 럭키 7을 좋아하고
중국인들은 8을 좋아하고
한국인들은 가보인 9를 좋아한다.

좌뇌의 숫자를 우뇌로 읽으면
숫자가 살아서 춤춘다.

8020이 뭡니까? 숫자지요? 하나하나 뜯어봅시다. 8은 중국 사람들이 좋아하는 숫자입니다. 오죽하면 자동차 번호판 중에 8자가 든 것이 있으면 경매를 부칠 정도랍니다. 일본이

나 홍콩 같은 데도 마찬가지입니다. 같은 동양권이지만 1988년 올림픽을 했는데, 그런 상징은 안 썼어요. 그럼 싫어하는 숫자는? 우리나라 사람은 4를 싫어합니다. 한자인 '넉 사四'자가 '죽을 사死' 자와 음이 같기 때문입니다. 일본은 '9' 자를 싫어합니다. 9자가 고통을 받는다는 '고苦'와 음이 같기 때문이죠. 반면 우리나라 사람은 9를 좋아합니다. 흔히 노름에서도 9는 가보라고 아주 좋아합니다. 중국 사람들은 숫자 9는 꽉 찬 숫자라 일반인들은 부담스럽게 생각합니다. 그래서 0에서 1, 2, 3, 4…… 9의 숫자 중에서 제일 높은 9, 바로 아래 있는 8을 좋아하죠. 중국은 황제가 아니면 함부로 9자를 못 써요. 황제가 사는 곳을 구중궁궐이라고 하잖아요? 그러니 보통 서민은 8에서 만족할 수밖에요. 그런데 우리는 그런 것이 없으니까 9가 최고인 것입니다.

서양 사람들이 제일 좋아하는 숫자는 '럭키세븐(7)'이고 싫어하는 숫자는 13입니다. 13일의 금요일! 그런데 서구에서 환영받지 못하는 13이란 숫자가 미합중국의 대문장大紋章에는

> **럭키세븐**Lucky Sseven
> 럭키세븐은 미국 메이저 리그에서 유독 7회에 득점이 많이 나와서 유래되었다고 한다. 또, 1885년 9월 30일 메이저 리그 야구에서 시카고 화이트 삭스의 7회 공격 플라이 중에, 강풍이 불러와서 홈런이 된 것을 계기로 행운의 숫자로 널리 퍼졌다고 한다.

많이 쓰였습니다. 별이 13개, 줄이 13개, 독수리가 들고 있는 화살이 13개, 구름의 개수가 13개, 표어의 글자도 13, 좌익의 날개가 13, 꼬리털이 13이고, 'The Coat of United States of America(미국의 문장紋章)'의 자수는 39로 13의 3배, 이상의 숫자를 합치면 13이란 숫자가 13번이나 겹칩니다. 또, 4는 우리는 싫어하는 숫자인데, 서양에서는 그렇지 않은가 봅니다.

독일 황제 카를 4세는 자기 이름에 4자가 있다고 하여 철저하게 4자로만 살았다고 합니다. 하루에 네 번 식사, 네 개의 방, 네 개의 탁자, 네 개의 샹들리에가 있었고, 왕관에는 네 개의 뿔, 의복 또한 모두 네 벌, 네 나라의 말을 하고, 네 번 결혼했어요. 그가 타는 마차는 언제나 네 마리의 말이 끌었고 식사는 언제나 네 코스, 술도 네 가지가 준비되어 있었답니다. 국토를 네 블록으로 나누어 네 사단을 두었고, 또 네 백작, 네 공작, 네 장군, 네 함장을 임명하고 네 사람의 집정관으로서 통치를 했어요. 네 곳의 수도를 두어 번갈아 살다가 1378년 11월 29일 새벽 4시 4분 네 사람의 시종 의사의 간호를 받으며 네 번 "잘 있어라!"를 되풀이한 후 숨을 거두었답니다. 참 지독하죠?

이렇게 나라마다 사람마다 숫자에 대한 기호가 뚜렷한데, 그 이유는 숫자가 단순히 셈만 하는 것이 아니기 때문입니다. 인간에게는 돈을 계산하는 좌뇌가 있지만 우뇌 또한 같이 갖고 있잖아요? 그렇기 때문에 숫자를 우뇌로 가져와 형태를 부여하고, 의미를 만들어 언어의 세계, 이름의 세계와 섞는 겁니다. 숫자의 소리와 언어의 음하고 비슷한 것이 있으면 바로 이것을 길한 수다, 흉한 수다, 하기도 하는 등 인간의 사고 속에서 과학적 사고 즉, 수학적 사고와 언어적 사고가 서로 넘나드는 겁니다. 서로 왔다 갔다 하는 거죠. 그런데 이것이 오늘에 와서 수는 수, 언어는 언어 이렇게 갈라지기 시작한 겁니다. 좌뇌, 우뇌가 연결되어 있는데 좌뇌적인 사람, 우뇌적인 사람이라고 나누고, 모든 것을 통합적으로 보지 않고 대립, 분할로 보면서 맨 처음에 이야기한 수의 비극, 근대의 비극이 시작된 거죠. 그래서 우리는 이걸 극복해보려고 하는 겁니다. 창조를 끌어내서 이 두 세계를 결합시키고 통합하고 조화를 일으킬 수 있도록 말입니다. 이렇게 해서 우리는 지금 한 것처럼 '8020'으로 다양한 상상을 할 수 있는 겁니다.

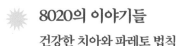

8020의 이야기들

건강한 치아와 파레토 법칙

8020 ⇨ 치과의사들의 캠페인

'8020' 하면 앞에서 이야기한 것처럼 세대를 제일 먼저 떠올릴 겁니다. 그렇지만 이 세대 차이라는 것은 있다고도 할 수 없고, 없다고도 할 수 없는 거 아닐까요? 젊은 세대는 이렇게 얘기할 수 있습니다.

"80대는 80대야. 20대는 20대이고. 서로 단절되어 있어. 말이 안 통해. 꼰대들하고는 절대 말이 안 통해."

그러면 나이 든 세대들은 이렇게 말하겠죠.

"우리들이 죽어라고 일해 이 정도로 살게 해놨더니 요즘 아이들은 고마운 것도 몰라. 자기들한테 누가 자유를 줬는데 말이 안 통한다니 이게 말이 돼. 꼰대들이라고 욕할 수 있는 자유도 꼰대들이 준 거 아니야?"

이렇게 서로 싸움만 하면 이 둘은 본질적인 특성이 같아지 죠. 삐딱하게 보면서 인정하지 않으니 본질적으로 차이가 없어요. 이런 관점에서 보면 어느새 80대와 20대가 똑같은 거나 마찬가지입니다. 더구나 인간의 기본적인 본성은 80대나 20대나 같아요. 숫자 8의 다른 형태인 뫼비우스의 띠처럼 안과 겉이 하나라는 생각을 하게 되면 다름과 차이를 인정하면서도 발전적인 소통이 가능해지죠.

8020을 광고에서 본 적이 있을 겁니다. '80대에도 20개의 치아를!'이라는 치아 건강의 상징성을 숫자로 표현한 겁니다. 왜 20개인가 하면 사람이 태어나 두 돌이 되면 20개의 유치가 거의 다 나요. 이후 점점 많아져 치아가 28개, 30개까지 되지요. 그러니까 이 캠페인은 죽을 때가 가까워져도 태어나서 처음 가졌던 유치만큼의 20개의 치아를 갖자는 것입니다. 태어나서 가졌던 건강한 치아를 나이가 든 후에도 그대로 갖고 있는 것처럼 고정관념과 편견에 사로잡힌 나이 든 마음과 정신이 아닌 젊은 정신을 유지하자는 것입니다. 건강한 생활을 떠올리는 숫자로 8020이라는 숫자가 멋진 수단이 될 수도 있는 거죠.

또 하나 유명한 8020이 있습니다. 바로 파레토 법칙이죠. 8020이 또 있습니다. 8020 파레토 법칙. 파레토는 제2차 세

8020 ⇨ 파레토의 법칙

사회현상이나 자연현상에는 평균적인 것이 아니라 쏠림이 있고 그 쏠리고 집약된 일부가 전체에 영향을 미치고 있다.

상품의 매상의 80퍼센트는 전 상품 가운데 20퍼센트에서 발생한다. 매상의 80퍼센트는 전 고객의 20퍼센트에서 생긴다. 한 집단의 성과에 대한 80퍼센트는 20퍼센트의 개인으로 부터 나온다. 나라 전체의 부 가운데 80퍼센트는 인구의 20퍼센트에서 나온다. 부도 그렇게 편재되어 있다. 소득세의 80퍼센트는 과세대상자의 20퍼센트가 부담. 개미와 벌의 집단 사회에서도 일하는 것은 20퍼센트의 소수그룹들이 한다

계대전 무렵 무솔리니가 이탈리아를 집권할 때 경제학자이자 사회심리학을 공부한 학자인데, 개미떼를 관찰해서 소득 분포의 불평등도를 나타내는 법칙입니다. 즉 소득세 내고 이런 저런 비용을 전부 계산하니 전체 인구의 20퍼센트가 전체 부의 80퍼센트를 차지한다는 겁니다. 여러분들이 집에서 쓸모 있는 물건들 전체 중에 20퍼센트가 쓸모 있고 나머지 80퍼센트는 별 볼 일 없는 것이나 마찬가지 아닙니까? 베스트셀러 되는 것은 어때요? 책을 내가 수백 종을 내지만, 거기서 베스트셀러가 되는 것은 20퍼센트이고 나머지가 80퍼센트를 벌어 먹이지 않습니까? 이 법칙을 사회 곳곳에 적용해보면 다

양한 측면에서 비슷한 상황이 벌어진다는 것을 알 수 있습니다. 한 번 주변을 유심히 살펴보세요. 반드시는 아니더라도 80대 20의 비율에 가깝게 이뤄진 것을 알 수 있습니다.

자, 그러면 20이 80을 지배하는 세상이라는 단순한 명제를 숙명적으로 받아들인다면 이는 비극입니다. 파레토가 개미를 관찰한 얘기를 알아볼까요? 흔히 우리는 개미를 부지런하다고 생각합니다. 그런데 파레토가 개미들을 자세히 관찰해보니까 20퍼센트만 죽어라고 일하지 나머지 80퍼센트는 그렇지 않더라는 겁니다. 그중에서도 10퍼센트는 평생 일을 전혀 안 한다는 거였어요. 그래서 일하는 개미 20퍼센트를 제하고 나머지 80퍼센트만 떼어내서 다시 관찰을 했더니 기가 막히게도 또 20퍼센트만 일을 하고 나머지 80퍼센트는 일을 하지 않더라는 거예요. 그러니 우리는 땅속에서 무위도식하는 개미는 안 보고 밖으로 나와 부지런히 돌아다니는 20퍼센트의 개미들만 보고 부지런하다는 선입견을 가졌던 것입니다. 나머지 80퍼센트의 개미 중에는 게을러터진 놈도 있고, 병정개미처럼 멍하게 서 있는 개미도 있고…… 개미들이 부지런하다고 하지만 실상은 20퍼센트가 일하면서 나머지 80퍼센트를 먹여주는 셈이지요. 이게 바로 80대 20 법칙입니다.

사회현상이나 경제적 관계 등 실생활도 마찬가지입니다. 가게 매상의 80퍼센트는 전 상품 가운데 20퍼센트에서 발생하고, 매상의 80퍼센트는 전 고객의 20퍼센트에서 생깁니다.

한 집단의 성과의 80퍼센트는 그 집단의 20퍼센트에게서 나오며, 나라 전체의 부 가운데 80퍼센트는 인구의 20퍼센트에서 나옵니다. 소득세의 80퍼센트는 과세 대상자의 20퍼센트가 부담하고, 개미와 벌의 집단 사회에서도 일하는 것은 20퍼센트의 소수 그룹뿐입니다. 빙판길에 멈춰선 버스를 밀어 주어야 하는 상황에서도 승객의 20퍼센트만 문제 해결에 팔 걷고 나서지, 나머지 80퍼센트는 '자, 밀어~ 오라이~' 하면서 말로만 하지 실제로 일을 안 한단 말이지요. 불이 나도 20퍼센트만이 끄고, 80퍼센트는 구경만 하는 겁니다. 세상이라는 게 공평한 줄 알고, 평준화된 줄 알았더니 꼭 20이 80을 하는구나. 근데 이걸 이용하다 보니 별 게 다 생기는 것이에요. 텔레비전을 팔면 고장률의 80퍼센트는 부품으로 보면 20퍼센트에서 오는 것입니다.

80대 20이라는 법칙은 우리 생활 전반에 적용이 가능합니다. 8020이라는 숫자를 통해 파레토 법칙을 연상하면 숫자를 제대로 음미할 수 있어요. 20퍼센트의 시간에, 에너지의 80퍼센트 이상을 소비하고, 20퍼센트의 범죄자가 80퍼센트의 범죄를 자행합니다. 운동선수의 20퍼센트가 전체 연봉의 80퍼센트 가져가고, 20퍼센트 지인과의 통화가 총 통화의 80퍼센트를 차지합니다. 즐겨 입는 옷의 80퍼센트는 옷장에 걸린 옷의 20퍼센트, 수신되는 메일은 20퍼센트를 제외한 나머지 80퍼센트가 스팸메일, 텔레비전 고장의 80퍼센트는 20퍼센

트의 부품에서 발생합니다. 파레토 법칙은 세상 돌아가는 일
면을 제대로 보여주기 때문에 응용도 가능합니다. 많은 기업
이 이 법칙을 이용하여 실제로 경영에 적용하지요.

파레토 법칙을 뒤집은 롱테일의 법칙

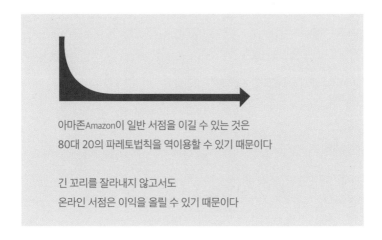

아마존Amazon이 일반 서점을 이길 수 있는 것은
80대 20의 파레토법칙을 역이용할 수 있기 때문이다

긴 꼬리를 잘라내지 않고서도
온라인 서점은 이익을 올릴 수 있기 때문이다

파레토 법칙을 응용한 '롱테일 법칙'은 아마존닷컴의 성공 비결이 되었지요. 책방에서는 책 전체 종수의 20퍼센트만 팔리고, 나머지는 꼬리처럼 한두 권밖에 안 팔립니다. 그래서 옛날에는 꼬리를 잘라버렸습니다. 안 팔리는 책은 안 갖다놓고, 팔리는 책만 파는데, 아마존닷컴은 안 팔리는 책도 다 볼 수 있게 해놓고 팔았습니다. 인터넷이라 전시 공간도 필요 없고 관리 비용도 따로 안 드니까 한 권씩이 20퍼센트의 베스트셀러만큼 팔리는 건 아니지만 수가 많으니까 한 권씩만 나

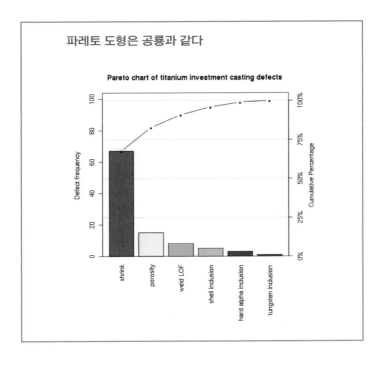

파레토 도형은 공룡과 같다

Pareto chart of titanium investment casting defects

가도 총 매출규모는 20퍼센트의 베스트셀러와 맞먹는다는 것입니다. 그래프를 그려보면 많이 팔리는 상품들을 연결한 선은 급경사를 이루며 짧게 이어지지만 적게 팔리는 상품들을 연결한 선은 마치 공룡의 '긴 꼬리Long Tail'처럼 낮지만 길게 이어져요. 그런데 이 꼬리 부분에 해당하는 상품들의 총 판매량이 많이 팔리는 인기 상품의 총 판매량을 압도한다는 것입니다.

이렇게 해서 파레토 법칙을 뒤집은 게 '롱테일 법칙'입니다. 이 같은 법칙은 2004년 미국의 인터넷 비즈니스 관련 잡지 《와이어드》의 편집장인 크리스 앤더슨이 처음 사용했는데, 80퍼센트의 별 볼 일 없는 다수가 20퍼센트의 핵심 소수보다 뛰어난 가치를 창출한다는 것이지요. 이것은 또 다른 8020이라는 숫자의 해석이지요. 이 변화의 한가운데는 IT 기술의 발전이 있었고, 이것이 철학의 변화, 경제의 변화, 인생의 변화를 가져온 것입니다.

숫자가 언어의 세계와 만나지 않으면 우리는 평생 함께하는 숫자의 의미를, 숫자가 가지는 도깨비 같은 허상을 제대로 보지 못합니다. 릴케는 이런 시를 썼습니다.

저기에 언덕이 있습니다.

셀 수 없습니다.

그런데 그 언덕에 계단이 있습니다.

계단은 셀 수 있습니다.

식탁에 사과 10개가 있습니다.

아버지가 7개를 가져오라고 합니다.

그런데 일곱, 7을 가져올 수 있나요?

가져올 수 없습니다.

사과를 가져올 수는 있습니다.

릴케의 말처럼 우리가 숫자를 본 것은 단지 종이 위에서밖에 없어요. 따라서 숫자에 매달리는 인생은 허무하기 마련이지요. 눈에 보이는 숫자를 넘어서 언어와 이름의 세계를 결합시켜야만 우리는 진정한 창조의 세계로 들어갈 수 있습니다. 세상에는 놀라운 일들이 정말 많아요. 이러한 세계를 상상하며 숫자 속으로, 그 속에 감춰진 이야기 속으로 들어가보세요. 어린아이의 세계로, 유치원 아이들의 세계로. '8020 이어령 명강'에서 "사랑이 뭡니까?"라고 물었을 때 한마디 말로는 못하지만, 이야기를 통해 사랑이 무언지 이야기할 수 있게 됩니다. 관념적으로 생각하는 것보다 스토리로 상상하고, 스토리로 생각하면 훨씬 절실하게 느낄 수 있습니다. 정말 심장이 두근두근 뛰는 사람에게는 피가 뚝뚝 흘리는 삶의 철학, 삶의 시가 다가옵니다. 그것은 아인슈타인도 나에게 말하지 못하는 겁니다. 사랑에 애인을 잃고, 고민하고 밤을 새우는 사람에게 상대성 원리는 아무 의미가 없으니까요. 결국 '8020 이어령 명강 – 생각의 축제'는 숫자(8020)와 고유명사(이어령), 보통명사(명강)가 혼합된, 숫자와 언어의 세계, 숫자의 삶과 언어의 사랑이 살아 숨 쉬는 '생각의 축제'입니다.

✸ 창조의 공간, 혼돈의 시간

우리나라 사람이라면 누구나 다 아는 시가 하나 있죠? 바로 윤동주의 '별 헤는 밤'. 이 시는 그 자체로 우리 '8020 이어령 명강'의 상징입니다.

별 헤는 밤
‐ 윤동주

계절이 지나가는 하늘에는
가을로 가득 차 있습니다.

나는 아무 걱정도 없이
가을 속의 별들을 다 헤일 듯합니다.

가슴 속에 하나 둘 새겨지는 별을

이제 다 못 헤는 것은

쉬이 아침이 오는 까닭이요

내일 밤이 남은 까닭이요

아직 나는 청춘이 다하지 않은 까닭입니다.

별 하나에 추억과

별 하나에 사랑과

별 하나에 쓸쓸함과

별 하나에 동경과

별 하나에 시와

별 하나에 어머니, 어머니,

어머님, 나는 별 하나에 아름다운 말 한마디씩 불러봅니다. 소학교 때 책상을 같이 했던 아이들의 이름과 패, 경, 옥, 이런 이국 소녀들의 이름과, 벌써 아기 어머니 된 계집애들의 이름과 가난한 이웃 사람들의 이름과, 비둘기, 강아지, 토끼, 노새, 노루, '프랜시스 잼', '라이너 마리아 릴케' 이런 시인의 이름을 불러봅니다.

이네들은 너무나 멀리 있습니다.

별이 아스라이 멀 듯이.

어머님,

그리고 당신은 멀리 북간도에 계십니다.

나는 무엇인지 그리워
이 많은 별빛이 내린 언덕 위에
내 이름자를 써 보고
흙으로 덮어 버리었습니다.

딴은, 밤을 새워 우는 벌레는
부끄러운 이름을 슬퍼하는 까닭입니다.

그러나 겨울이 지나고 나의 별에도 봄이 오면
무덤 위에 파란 잔디가 피어나듯이
내 이름자 묻힌 언덕 위에도
자랑처럼 풀이 무성할 거외다.

　시인이 별을 헤아립니다. 그런데 그 별과 함께 아름다운
말 한마디씩을 부릅니다. 어린 시절 친구들의 이름, 이국 소
녀들의 이름, 벌써 아기 어머니 된 계집애들의 이름, 가난한
이웃 사람들의 이름을 부릅니다. 그들의 이름은 제 이름 '이
어령'처럼 무엇으로도 대체될 수 없는 고유명사지요. 그리고
비둘기, 강아지, 토끼, 노새, 노루 같은 자연에 붙여진 보통명
사들을 부릅니다. 이렇게 분리되어 있던 이름들은 시인의 이

름을 통해, 별빛이 내린 언덕 위에 새겼으나 흙으로 덮어버린 내 이름자처럼 하나의 세계로 합쳐집니다. 숫자의 세계가 이름의 세계와, 이름의 세계는 다시 자연의 세계와. 이 모든 것이 합쳐진 세계는 무엇이든 만들어질 수 있는 원 창조의 세계입니다.

하나님이 천지를 창조한 혼돈의 시간이며 공간입니다. 하나님이 만물을 만드신 후 사람에게 이름 붙이라 한 세계였던 언어의 세계, 숫자의 세계 이전의 세계입니다.

여덟째 허들

새 문명의 모델
초합리주의

숫자의 세계와 이름의 세계의 혼용, 이것은 우리나라 사람들의 두서너 개의 세계다. 명확하게 떨어지는 숫자, 분리와 분열의 숫자가 아닌 숫자야말로 새 문명의 모델이 되어야 한다. 삶을 살다 보면 세상에는 저울로만 달 수 없는 삶도 있다는 걸 알게 된다. 1초의 오차도 1밀리의 여유도 없이 합리성과 기능 성만을 추구하다가 삶의 아귀가 맞지 않을 때 정신이 놓아버리는 것이 지금 까지의 서구 문명이었다. 이제 '~셈치고'의 초합리주의, 흘러내릴 것을 뻔히 알면서도 몇 번씩이나 쌀을 더 퍼서 뒷박에 올리는 한국인의 그 문화가 새 문명을 이끌어갈 것이다.

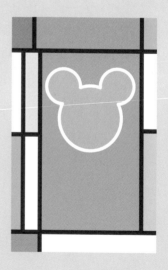

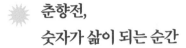

춘향전,
숫자가 삶이 되는 순간

우리에게 이렇게 숫자와 이름, 삶과 추상이 하나가 되는 것은 핏속에 전해오는 듯합니다. 두서너 개의 세계죠. 우리나라 고전 가운데 가장 오랫동안 널리 사랑받아온 '춘향가'가 있습니다. 본래 노래극이었던 춘향가에는 이런 한국 사람들의 세계가 잘 드러나 있습니다. 특히 변 사또에 수청 들기를 거부한 춘향이 매를 맞는 장면에서 춘향이 부르는 '십장가十杖歌'는 매가 한 대씩 늘어날 때마다 그 숫자를 운 삼아 부른 노래입니다. 고통스러운 순간이 노래로 변하고, 숫자가 삶이 되는 놀라운 순간이죠. 길지만 인용해보겠습니다.

춘향가 인용 : 십장가

전라좌도全羅左道 남원南原 남문南門 밖 월매月梅 딸 춘향春香이가 불쌍하고 가련하다.

하나 맞고 하는 말이 일편단심一片丹心 춘향이가 일종지심一從之心

먹은 마음 일부종사一夫從事 하겠더니 일각일시一刻一時 낙미지액落 眉之厄[눈앞에 닥친 재앙]에 일일칠형一日七刑 무삼일고.

둘을 맞고 하는 말이 이부불경二夫不敬[한 지아비를 바꾸어 두 지아비를 섬기 지 않는 것] 이내 몸이 이군불사二君不事[두 임금을 섬기지 않는 것] 본本을 받 아 이수중분백로주二水中分白鷺洲['두 강물은 백로주로 가운데로 나뉘어 흐른다' 는 뜻으로 이백의 시 '등금릉봉황대登金陵鳳凰臺'에 나오는 구절] 같소 이부지자二父 之子 아니어든 일구이언一口二言은 못 하겠소.

셋을 맞고 하는 말이 삼한갑족三韓甲族 우리 낭군郎君 삼강三綱에도 제일第一이요 삼춘화류 승화시三春花柳 勝華時에 춘향이가 이 도령 만나 삼배주三盃酒 나눈 후에 삼생연분三生緣分 맺었기로 사또 거 행擧行은 못 하겠소.

넷을 맞고 하는 말이 사면四面 차지 우리 사또 사서삼경四書三經 모르시나 사시장춘四時長春 푸른 송죽松竹 풍설風雪이 잦아도 변치 않소 사지四肢를 찢어다가 사방으로 두르셔도 사또 분부는 못 듣 겠소.

다섯 맞고 하는 말이 오매불망寤寐不忘 우리 낭군 오륜五倫에도 제 일이요 오늘 올까 내일 올까 오관참장五關斬將 관운장關雲長같이 날랜 장수 자룡子龍같이 우리 낭군만 보고지고.

여섯 맞고 하는 말이 육국유세六國遊說 소진蘇秦이도 날 달래지 못 하리니 육례연분六禮緣分 훼절할 제 육진광포六鎭廣布로 질끈 동여 육리청산六里靑山 버리셔도 육례연분은 못 잊겠소.

일곱 맞고 하는 말이 칠리청탄七里靑灘 흐르는 물에 풍덩실 넣으

셔도 칠월칠석七月七夕 오작교烏鵲橋에 견우직녀牽牛織女 상봉相逢처럼 우리 낭군郎君만 보고지고.

여덟 맞고 하는 말이 팔자八字도 기박奇薄하다 팔괘八卦로 풀어 봐도 벗어날 길 바이 없네 팔년풍진 초한시八年風塵楚漢時에 장량張良 같은 모사謀士라도 팔진광풍八陣狂風이 난국을 모면하기 어렵거든 팔팔결[다른 정도가 엄청남]이나 틀렸구나 애를 쓴들 무엇하리.

아홉 맞고 하는 말이 구차苟且한 춘향이가 굽이굽이 맺힌 설움 구곡지수九曲之水 아니어든 구관자제舊官子弟만 보고지고.

열을 맞고 하는 말이 십악대죄十惡大罪 오날인가 십생구사十生九死할지라도 시왕전十王前에 매인 목숨 십륙세十六歲에 나는 죽네.

비나이다 비나이다 하나님전 비나이다 한양漢陽 계신 이도령李道令이 암행어사暗行御史 출두하여 이 내 춘향을 살리소서.

잘 보면, 숫자와 이름이 섞여 있는 것을 볼 수 있어요, 다섯은 한자로 '오五'입니다. 그런데, 그 '오'에 불려나온 말들은 음만 같을 뿐 의미는 다른 '오매불망'이라는 말이에요. 아홉 '구九'도 마찬가지입니다. '구차한', '구관자제'는 구와 음만 같을 뿐, 의미는 전혀 다릅니다. 춘향전은 여러 판본이 전하기 때문에 내용이 조금씩 다르지만 현상은 비슷합니다. 어떤 판본에서는 넉 '사四'에 사대부 사또를 읊어 운을 맞췄지요. 슈펭글러가 말한 문명의 몰락 징후는 숫자가 숫자로만 존재할 뿐만 아니라 이름까지도 숫자로 대체되는 세상을 말한 것입니다. 우리나라의 춘향전의 세계는 도리어 이 둘을 합쳐 놓았습니다.

　이것들이 분리되기 전의 세상인 거지요. 세상의 모든 것이 그래요. 우리 모습을 잘 살펴보세요. 눈이 2개고 다리가 둘, 이렇게 이루어졌는데, 이 둘을 별개로 부르지 않죠? 둘을 하나로 보니까요. "나 눈이 아파." 했을 때, 분명히 한쪽 눈만 아픈 걸 텐데도 그걸 "왼쪽 눈이 아파." 혹은 "오른쪽 눈이 아파."로 나눠 이야기하지 않고 하나로 이야기하는 거예요. 그러나 시력을 이야기할 때 왼쪽이 얼마, 오른쪽이 얼마라고 분할해 말하죠. 이렇게 나눠질 수도 있고 합쳐질 수도 있는 것, 그런 것이 '바이너리 어포지션Binary Opposition'이라고, 이항대립이라고 서양 사람들이 그러는 것이에요. 바로 숫자의 세계죠.

　반면 동양에서는 음양조화라고 그러는데, 서양에서는 모든 것이 분리되고, 너와 내가 분리되어서 따로따로 하나가 되는 것, 대등한 하나씩이 됩니다. 그런데 우리는 2개를 합쳐버리는 겁니다. 부부지간, 부자지간 사이로 이것이 다 합쳐집니다. 이게 놀라운 겁니다. 음과 양, 오행사상 이런 모든 것들이 순환하고 서로 상부되고, 상생 또는 거꾸로 돌면 상극하고 하는 관계의 철학이지요. 하지만 서양은 태극설, 음양이기설 이런 모든 것들의 분리하고 떨어지는 즉, 통합되거나 분할되는 그 다이나믹한 결합과 분리의 힘을, 역동성을 제대로 이해하지 못했습니다. 그런데, 이 분리와 결합, 역동성은 생명성과 관련이 있습니다. 생명은 분리해낼 수 없지요. 솔로몬 왕이 한 아이를 두고 두 엄마가 다툴 때, 아이를 나누라고 했잖아요. 그렇지만 생명에는 '2분의 1' 생명이라는 것이 존재할 수가 없습니다. 분할불 가능한 생명성, 그것이 만들어내는 창조성이 바로 우리 문화 자체에 들어 있다는 겁니다.

지금 그리운 '~셈치고'의 문명

숫자의 세계와 이름의 세계의 혼용을 이야기했는데, 우리나라 사람들만큼 이게 잘 되는 사람이 없습니다. 맥주 두서너 병에서도 보듯이 우리에게는 명확하게 떨어지는 숫자, 분리와 분열의 숫자는 없습니다. 그런 말 가운데 하나가 '셈치고'라는 말입니다. 가끔은 그 불합리가 답답하고 한숨이 나오지만 지나치게 합리 일변도로 치닫고 있는 현대 문명의 빡빡한 풍경을 보면 그 말이 그리워집니다. 흘러내릴 것을 뻔히 알면서도 몇 번씩이나 굳이 쌀을 더 퍼서 됫박에 올리는 한국인의 그 손이 말입니다.

무엇인가 마음에 걸리는 일이 있을 때 우리는 흔히 '~한 셈치고'라는 말을 잘 써요. 그래서 도둑맞은 셈치고, 술 마신 셈치고 객쩍게 돈을 쓰는 경우도 있어요. 께름칙한 일이 있어도 그보다 더 큰 손해를 보거나 화를 입어도 그런 셈치고 마음을 달래기도 합니다. '불행 중 다행'이라는 말도 근본적으로는 모든 것을 죽은 셈치고, 없었던 셈치고, 다시 생각하는 삶의 계산법입니다. 죽은 셈치면 어떤 불행한 일도 다행으로 보이니까. 교통사고를 당해 팔다리가 없어져도 죽은 셈치면 눈물이 멎습니다.

혼자서만 그렇게 생각하는 것이 아닙니다. 남에게 무엇인가 부탁할 일이 있어도 '~셈치고' 도와달라고 해요. '셈'을 한자로 옮기면 '계산'입니다. 어느 사회에서든 계산은 숫자를 가지고 하기 때문에 늘이거나 줄이거나 할 수 없어요. 숫자에 쌀쌀한 바람이 일기 마련인데 엄정한 규칙과 객관성이 따르기 때문이겠지요. '~한 셈치고'라는 개인의 감정이나 주관성이 개입할 수 없도록 사람들은 계산하는 법을 생각해냈던 거지요. 부자지간이나 부부간에도 셈은 바르게 해야 한다고 합니다. 그런데 우리의 셈은 거꾸로 냉엄한 그 계산의 세계를 얼버무리는 특성이 있습니다.

'그런 셈이다'는 '그렇다'의 단정과는 달라요. 대충, 얼추 근사하다는 것으로 약간 그 뜻을 흐리고자 할 때 써요. 또한 이 셈은 오히려 애매할 때 융통성을 발휘하는 뜻하는 쓰일 때도 많지요. 컴퓨터를 우리말로 '셈틀'이라고 하자는 사람이 많지만 우리말의 셈이 서구적인 계산과는 다른 만큼 셈틀과 컴퓨터와는 그 개념이 서로 다르다고 할 수 있겠지요. 아마 뉴로 컴퓨터가 나와서 애매한 것까지 알아서 처리하는, 제5세대쯤 되는 컴퓨터가 나와야만 셈틀이라고 부를 수 있지 않을까 합니다.

　세계의 어느 나라에도 "말 한마디로 천 냥 빚을 갚는다"는 후한 속담은 찾아보기 힘들어요. 객관성보다 주관적인 기분을 중시하는 '셈치는' 사회에서나 일어남직한 발상입니다. 프랑스 파리에서 살았을 때 고추를 샀던 경험이 있었어요. 저울을 다는데 눈금이 조금 오르니까 고추 한 개를 내려놓더라고요. 그러자 이번에는 저울 눈금이 조금 처지는 것입니다. 그러자 가게 주인은 가위를 들고 나와 고추 한 개를 반으로 잘라 저울눈을 정확히 채우더군요. 이 정확성, 엄정성, 객관성을 보니, 과연 근대를 열어젖힌 데카르트의 후예들답구나, 싶은 생각이 들어 미소를 머금게 되더라고요.

　하지만 한편으로 그 반 토막 난 고추를 보면서 수십 년 동안 '셈치고'라는 세상에서 살아온 나로서는 섭섭하고 야박하

셈틀

숫자를 '덧셈, 뺄셈, 곱셈, 나눗셈'으로 계산하는 것을 포함한 단어로 말 '셈(세다)'과 기계의 우리말인 '틀(베틀)'이 합해져서 나온 단어다. 파스칼은 세무사인 아버지를 도우려고 덧셈과 뺄셈을 자동으로 계산하는 기계식 계산기를 고안했다. 1950년대 초에 '컴퓨팅 머신Computing Machine'이라는 단어가 전산기의 뜻으로 쓰이다가, '컴퓨터Computer'로 대체되었다. 한 때 컴퓨터 관련 대학 동아리들이 순 우리말인 '셈틀'을 많이 사용했지만 계산이라는 단어의 의미가 한정되어 있어서 지금은 거의 쓰이지 않게 되었다.

다는 생각이 앞서지 않을 수 없었어요. 파리 전체가 삭막한 사막으로 보였습니다. 속일 때 속이더라도 말(곡식, 액체, 가루 따위의 분량을 되는 데 쓰는 그릇)과 되(사각형 모양의 나무그릇)에 수북하게 쌓아주는 한국 시장의 훈훈한 풍경이 새삼 그리워지더군요. 정확한 도량형을 만들어놓고도 실제로 줄 때는 부정확하게 수북하게 쌓아 주는 민족은 아마 한국 말고는 없을 겁니다. 근대화하여 정찰제나 엄격하게 도량형을 따지는 오늘날에도 시장에서 되를 사용하는 것을 보면 더욱 그래요. 옛날같이 수북한 봉우리가 아니라 수평으로 깎아도 마지막까지 싹 훑지 않고 한 뼘 정도는 남기는 그 정서의 그리움이라고나 할까요. 야박하게 끝까지 싹 쓸지 못하는 것이 바로 한국인의 계산법인 까닭이겠지요.

길을 묻는 것도 그래요. 시골길을 가다가 길을 물으면 어디에서고 10리밖에 안 남았다고 합니다. 전통적으로 우리나라 사람들은 객관적인 길의 몇 리보다도 묻는 사람의 기분을 먼저 생각하기 때문인 게지요. 얼마 안 남았다고 해야 나그네가 기분 좋게 힘을 차리고 걸어갈 것이니까요. 아직 한참 가야 한다고 하나 다 왔다고 하나 나그네에게는 마찬가지야. 그렇다면 기분이라도 좋은 것이 좋은 것이라는 것이지요.

이에 비하면 옛날 희랍의 현자 얘기는 우리와 아주 달라요. 해가 저물 때까지 아테네의 시내로 들어갈 수 있겠느냐는 물음에 길가에서 양을 치고 있던 노인은 아무 대꾸도 하지 않아요. 애매한 것을 싫어하고 정확한 것을 추구하는 서구적인 합리성 때문에 그 노인은 아무 말도 하지 않은 겁니다. 개인에 따라 사람의 걸음걸이는 다 다르니 그 사람의 걸음걸이를 모른 채 몇 시간이 걸릴지 알 수 없다는 것이지요. 애매한 경우에는 말을 하지 않는 것, 그것이 서구의 합리주의이자 서구적인 현자의 행동 방식인 게지요.

그러고 보면 '좋은 게 좋다'는 그 기묘한 한국식 표현도 '셈치고'라는 말과 이웃사촌입니다. 좋은 것이면 그만이지 꼬치꼬치 원인을 캐고 원칙을 따져서 기분 나쁘게 만들 것이 없다는 일종의 반합리주의 선언인 '셈'이지요. 애매한 채로 남겨두기, 그냥 덮어두기의 그 '~셈치고'의 문화는 분명히 근대 문명에 역행하는 사고라 할 수 있어요. 근대화 산업화의 한 세기 동안 우리는 합리주의 계산법을 익히기 위해서 무진 애를 써왔고, 이제는 남부럽지 않게 계산에 밝은 민족으로 변한 게 사실입니다.

그러나 삶을 살다 보면 세상에는 저울로만 달 수 없는 삶도 있다는 걸 알게 돼요. 1초의 오차도 1밀리의 여유도 없이 합리성과 기능성만을 추구하다가 삶의 아귀가 맞지 않을 때 정신이 놓아버리는 것이 서구사회의 병이라는 것도 목격하게 되었지요. 요즘 아이들이 잘 쓰는 '뿅 간다'는 말이 그것입니다. 의태어와 의성어가 유난히 발달한 한국인답게 살짝 도는 것을, 그리고 순간적으로 합리적 판단을 하지 못하게 되는 것을 '뽕 간다'고 표현한 것입니다.

한 500년 셈만 치고 살아가다가 이제는 모두 '뽕 가버린' 한국인의 모습을 보면 가슴이 저려 와요. 이른바 선진국일수록 스트레스와 노이로제 그리고 정신 질환에 걸린 환자의 비율이 높다고 합니다. '프로그램'이라는 말이 바로 '사이코 프로그램'으로(?) 통용되는 나라 미국은 덮어두고라도 가까운 일본의 정신 분열증 환자는 100명당 한 명꼴이라고 합니다. 여기에 비하면 스트레스받을 일이 세상에서 으뜸일 만한 나라인 한국은 아직까지 그렇게 손꼽히는 나라 축에 끼지 않습니다. 그런 걸 보니, 역시 '셈치고' 살아간 '셈 문화' 덕분이 아닐까 생각됩니다. '셈 문화'는 '비합리주의'도 '반합리주의'도 아닙니다. 바로 '초합리주의'! 합리주의를 넘어서는 새 문명의 모델이 되는 사상입니다.

"

오늘의 젊은 벗들에게 창조력과 상상력을 알려주고
싶습니다. '다른 생각, 다른 삶'을 선택한 젊은이들이
창조력과 상상력을 이해한다면, "악마의 숫자든 뭐
든 오너라. 인생이 숫자 아니면 이름으로 시작된다
고? 어느 것이든 좋다. 숫자든 이름이든 인생의 운명
이여 오라. 나는 나의 인생을 나의 창조적 상상력으
로 행복하게 만들겠다. 숫자도 만들겠다. 숫자와 함
께 수많은 아름다운 이름과 시 또한 발견하겠다"고
외칠 수 있을 것입니다. 이런 젊은이들에 의지하여
우리의 미래는 새로운 도전 앞에 머뭇거리지 않는 용
기와 열정으로 활짝 열릴 것입니다.

"

숫자의 허들을 넘어 푸른 바다로

자크 플레베르의
「작문 노트」

자크 프레베르(1900~1977)의 시 「작문노트Page d'ecriture」는 지금까지 숫자만 가르쳐주고 곱셈, 덧셈만 가르쳐 주던 세계에서 벗어나 음악과 새가 날아가는 세계를 보여줍니다. 책상은 나무가 되고, 나무가 숲이 되고, 선생님이 쓰는 백묵이 뭐가 될까요? 낭떠러지의 석회석이 되고, 잉크가 뭐가 될까요? 푸른 바다가 되겠지요. 숫자의 세계에서 한 걸음 만 바깥으로 나오면 거기엔 자유로운 새의 날갯짓이 있고, 푸른 파도가 넘실거리는 끝없는 바다가 있으며 온갖 생명의 움직임이 꿈틀거리는 거대한 숲이 펼쳐집니다.

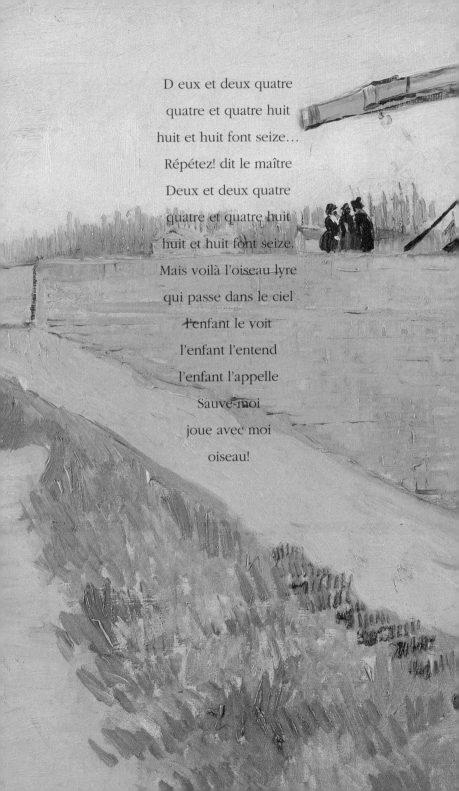

D eux et deux quatre

quatre et quatre huit

huit et huit font seize...

Répétez! dit le maître

Deux et deux quatre

quatre et quatre huit

huit et huit font seize.

Mais voilà l'oiseau lyre

qui passe dans le ciel

l'enfant le voit

l'enfant l'entend

l'enfant l'appelle

Sauve-moi

joue avec moi

oiseau!

Alors l'oiseau descend

et joue avec l'enfant

Deux et deux quatre…

Répétez! dit le maître

et l'enfant jou

Quand vous aurez fini de faire le pitre!

Mais tous les autres enfants

écoutent la musique

et les murs de la classe

s'écroulent tranquillement

Et les vitres redeviennent sable

l'encre redevient eau

les pupitres redeviennent arbres

la craie redevient falaise

le porte-plume redevient oiseau

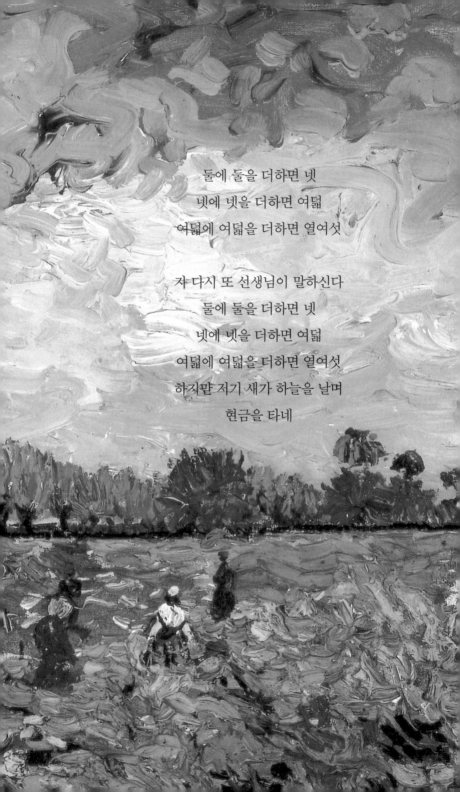

둘에 둘을 더하면 넷
넷에 넷을 더하면 여덟
여덟에 여덟을 더하면 열여섯

쟈 다시 또 선생님이 말하신다
둘에 둘을 더하면 넷
넷에 넷을 더하면 여덟
여덟에 여덟을 더하면 열여섯
하지만 저기 새가 하늘을 날며
현금을 타네

아이들은 보고
아이들은 듣고
아이들은 부르네
날 도와줘
나 하고 놀자

새야!
새는 내려와
아이와 논다
둘에다 둘을 더하면 넷--
자 다시 또! 선생은 말하고
아이는 놀고

당신네들이 광대짓할 때

모든 아이들은

음악을 듣는다

하여 교실의 벽들은

조용히 무너지고

유리창들은 모래로 돌아가고
잉크는 다시 물이 된다
책상들은 다시 나무가 되고
백묵은 석회석 절벽이 되고
깃털 펜은 새가 되어 날아간다

8020 이어령 명강

생각의 축제
"미키마우스의 손가락은 몇 개인가?"

초판 1쇄 인쇄 2022. 4. 8
초판 1쇄 발행 2022. 4. 13

지은이 이어령
펴낸이 김선식

경영총괄 김은영
편집주간 김지환
책임마케터 박태준
마케팅본부장 권장규
마케팅4팀 박태준, 문서희
미디어홍보본부장 정명찬
홍보팀 안지혜, 김민정, 이소영, 김은지, 박재연, 오수미
뉴미디어팀 허지호, 박지수, 임유나, 송희진, 홍수경
저작권팀 한승빈, 김재원, 이슬
경영관리본부 하미선, 박상민, 윤이경, 김재경, 안혜선,
　　　　　　오지영, 김소영, 김진경, 최완규, 이지우, 이우철, 김혜진

펴낸곳 다산북스 **출판등록** 2005년 12월 23일 제313-2005-00277호
주소 경기도 파주시 회동길 490
전화 02-704-1724
홈페이지 www.dasanbooks.com
이메일 libertador@dasanimprint.com
용지 한솔피엔에스 · **인쇄 및 제본** 한영문화사 · **코팅 및 후가공** 평창피앤지

ISBN 979-11-306-8985-2 03100

• 사무사책방은 ㈜다산북스의 임프린트입니다.
• 파본은 구입하신 서점에서 교환해드립니다.
• 이 책은 저작권법에 의하여 보호를 받는 저작물이므로 무단 전제와 복제를 금합니다.

정해진 정답을 맞춘 학생이 아니라 '남과 다르게 생각하고 다르게 살아가는' 젊은 영혼에게서 우리는 오늘과 다른 내일을 만들 수 있는 계기를 갖습니다. '다르게 생각하고 다르게 살아가는' 젊은 영혼들을 위해 흥겨운 추임새를 보내고 뜨거운 박수를 칠 때 그들의 고독은 단순한 고독이 아니라 창조의 동력이 됩니다. 창조의 열정 속에 폭발하는 창조적 상상력—그런 '생각의 축제'에 함께하고 있는 여러분들이야말로 우리가 믿고 의지할 우리들 미래의 힘과 가능성입니다.